Os Meninos do Caminho de Ferro

E. Nesbit
Os Meninos do Caminho de Ferro

MINOTAURO

Título: *The Railway Children*

Autora: Edith Nesbit

Tradução: Miguel Freitas da Costa

Revisão: Edições Almedina

Capa: Patrícia Furtado
© Patrícia Furtado

> **Biblioteca Nacional de Portugal – Catalogação na Publicação**
>
> NESBIT, Edith, 1858-1924
>
> Os meninos do caminho de ferro
> ISBN 978-989-9027-15-2
>
> CDU 087.5

Depósito Legal n.º 478390/20

Paginação: João Jegundo

Impressão e acabamento:
ACD Print, S.A.
para
Minotauro
janeiro de 2021

MINOTAURO, uma chancela de Edições Almedina, S.A.
LEAP CENTER – Espaço Amoreiras - Rua D. João V, n.º 24, 1.03
1250-091 Lisboa – Portugal
e-mail: editoras@grupoalmedina.net

Esta obra está protegida pela lei. Não pode ser reproduzida,
no todo ou em parte, qualquer que seja o modo utilizado,
incluindo fotocópia e xerocópia, sem prévia autorização do Editor.
Qualquer transgressão à lei dos Direitos de Autor será passível
de procedimento judicial.

Ao meu querido filho Paul Bland, por trás de cujo conhecimento dos caminhos de ferro a minha ignorância confiantemente se abriga.

Índice

Capítulo I – Como tudo começou 9

Capítulo II – A mina de carvão de Peter 29

Capítulo III – O senhor de idade 53

Capítulo IV – A assaltante de locomotivas 73

Capítulo V – Prisioneiros e cativos 95

Capítulo VI – Os salvadores do comboio 111

Capítulo VII – Por excecional bravura 129

Capítulo VIII – Os bombeiros amadores 147

Capítulo IX – O orgulho de Perks 165

Capítulo X – O terrível segredo 183

Capítulo XI – O «cão» da camisola encarnada 199

Capítulo XII – O que Bobbie levou para casa 219

Capítulo XIII – O avô do «cão» da camisola encarnada 235

Capítulo XIV – Fim 253

Capítulo I
Como tudo começou

Não começaram por ser os meninos do caminho de ferro. Suponho que nem sequer alguma vez tinham pensado em caminhos de ferro, a não ser como meio de chegar a um espetáculo, ao teatro, ao Jardim Zoológico e ao museu Madame Tussaud. Eram crianças vulgares e viviam nos subúrbios com o pai e a mãe, numa moradia vulgar, com a fachada de tijolo encarnado e vidro colorido na porta da frente, entrada de tijoleira, uma casa de banho com água quente e fria, campainhas elétricas, janelas francesas e uma boa dose de pintura branca e «todas as comodidades modernas», como dizem os agentes imobiliários.

Eram três. Roberta era a mais velha, a quem tratavam por Bobbie. As mães, é claro, não têm filhos preferidos, mas se a mãe deles *tivesse* tido uma preferida, podia ter sido Roberta. A seguir vinha Peter, que queria ser engenheiro. Phyllis era a mais nova e tudo o que fazia era por bem.

A mãe não passava o tempo todo a fazer visitas aborrecidas a senhoras aborrecidas e a esperar em casa, aborrecidamente, que senhoras aborrecidas a fossem visitar. Estava quase sempre presente, pronta a brincar com os filhos, a ler-lhes histórias e a ajudá-los a fazer os trabalhos de casa. Além disto, enquanto eles estavam na escola, costumava escrever-lhes histórias e lia--lhas a seguir ao lanche e fazia poemas engraçados para os dias de aniversário e outras grandes ocasiões, como o batismo dos novos gatinhos ou a renovação do interior da casa de bonecas ou o tempo em que estavam a restabelecer-se da papeira.

Eram três crianças com sorte que sempre tinham tido tudo aquilo de que precisavam: roupa bonita, uma boa lareira, um lindo quarto de brincadeiras com montes de brinquedos e papel de parede com figuras das canções infantis. Tinham uma empregada amável e alegre para tomar conta deles e um cão chamado *James* e que era só deles. Tinham também um pai absolutamente perfeito – nunca estava zangado, nunca era injusto e estava sempre pronto para um jogo qualquer – e, quando *não* estava, tinha sempre, pelo menos, uma excelente razão para tal e explicava-a às crianças de uma maneira tão interessante e engraçada que eles ficavam com a certeza de que não havia nada que ele pudesse fazer.

Pensarão que elas deviam ser muito felizes. E eram, mas não sabiam *até que ponto*, enquanto a bela vida na Vivenda Vermelha não acabou e passou à história, e tiveram de viver uma vida de facto muito diferente.

Essa horrível mudança aconteceu bastante de repente.

Peter fez anos – o seu décimo aniversário. Entre os seus vários presentes estava um modelo de locomotiva mais perfeito do que se poderia alguma vez ter sonhado. Os outros presentes eram todos encantadores, mas a locomotiva tinha um encanto superior ao de qualquer deles.

O seu encanto durou exatamente três dias na sua completa perfeição. Depois, devido à inexperiência de Peter ou às boas intenções de Phyllis, que tinham sido bastante insistentes, ou a qualquer outra razão, a locomotiva rebentou com estrondo. James apanhou um tal susto que foi para a rua e não voltou durante o dia todo. Toda as figuras de uma verdadeira Arca de Noé que estavam no atrelado se partiram em bocados, mas não houve mais vítimas além da pobre locomotiva e dos sentimentos de Peter. Os outros disseram que ele até chorou – mas é claro que os rapazes de dez anos não choram, por mais horríveis que sejam as tragédias que ensombram a sua sorte. Peter explicou que tinha os olhos encarnados porque estava constipado.

Isto acabou por ser verdade, embora Peter não o soubesse quando o disse; no dia seguinte teve de ir para a cama e lá ficar. A mãe começava a temer que pudesse estar a incubar uma papeira, quando ele de repente deu um salto na cama e disse:

– Detesto papas de aveia... detesto água de centeio... detesto pão e leite. Quero levantar-me e comer comida *verdadeira*.

– O que é que te apetece? – perguntou a mãe.

– Uma empada – respondeu Peter, com avidez –, uma grande empada de galinha. Muitíssimo grande.

A mãe pediu à cozinheira que fizesse uma grande empada de galinha. Fez-se a empada. E depois de estar feita, foi posta no forno. E quando ficou pronta, Peter comeu uma boa parte dela. Depois disso melhorou da sua constipação. A mãe fez uns versos para o distrair enquanto a empada estava a ser feita. Começava por dizer que Peter era um rapaz infeliz, mas valente, e depois prosseguia:

Tinha um comboio que adorava
De alma e coração
E se algum desejo tinha nesta terra
Era que não se estragasse.

Um dia – meus amigos, preparem-se;
Está para vir o pior –
Um parafuso endoideceu de repente,
E a caldeira foi pelo ar.

De rosto carregado, apanhou-o do chão
E levou-o à mãe,
Embora nem ele julgasse
Que pudesse compô-lo;

A gente que pereceu na linha
Parecia que pouco lhe importava,
Pois o comboio era mais para ele
Do que todos os que lá levava.

*E estão a ver agora porquê
O nosso Peter tem estado a penar:
Consola a alma com empada de galinha
Para o seu desgosto matar.*

*Embrulha-se em cobertores quentes
E fica na cama até tarde,
Determinado a sobrepor-se assim
Ao seu destino inclemente.*

*E se os olhos tem encarnados
A culpa é da constipação.
Deem-lhe empada; e vão ver:
Nunca vai dizer que não.*

O pai estava fora havia três ou quatro dias. Todas as esperanças de Peter na cura da sua infeliz locomotiva estavam agora depositadas no pai, pois ele era fabulosamente habilidoso em trabalhos de mãos. Conseguia consertar todo o género de coisas. Tinha servido de cirurgião veterinário, uma vez, ao cavalo de baloiço de madeira; uma vez tinha salvado a vida dele quando já se desesperava de qualquer ajuda humana e a pobre criatura era dada totalmente por perdida, e até o carpinteiro dizia que não via maneira de fazer fosse o que fosse. E fora o pai quem consertara o berço da boneca quando mais ninguém conseguia, com um pingo de cola, uns bocadinhos de madeira e um canivete pôs os animais da Arca de Noé tão firmes nos seus espigões como sempre tinham sido, senão mais firmes.

Peter, com um desprendimento heroico, nada disse sobre a sua locomotiva até o pai ter jantado e ter fumado o seu charuto. Esse desprendimento tinha sido ideia da mãe – mas foi Peter quem a executou. E bem precisou de um bom bocado de paciência.

Por fim, a mãe disse ao pai:

– Agora, meu querido, se já estás suficientemente repousado e bem confortável queremos contar-te o grande acidente ferroviário e pedir-te conselho.

– Sim, senhor – respondeu o pai –, força!

Então, Peter contou a triste história e foi buscar o que restava da locomotiva.

– Hum – disse o pai, depois de ter examinado cuidadosamente a locomotiva.

As crianças sustiveram a respiração.

– Então, não há esperança? – perguntou Peter, em voz baixa e trémula.

– Esperança? Claro que há! – retorquiu o pai, animadamente. – Mas vai ser preciso mais do que esperança... um bocado de brasagem, por exemplo, ou de solda, e uma válvula nova. Acho que é melhor guardarmos isto para um dia de chuva. Ou seja, vou dedicar a isto a tarde de sábado e vocês vão todos ajudar-me.

– As raparigas *podem* ajudar a consertar locomotivas? – perguntou Peter, duvidoso.

– Claro que podem. As raparigas são tão espertas como os rapazes; e nunca se esqueçam disto! Gostavas de ser maquinista de comboios, Phil?

– Andaria sempre de cara suja, não era? – disse Phil, num tom pouco entusiástico. – E suponho que ia partir alguma coisa, não?

– Eu pura e simplesmente adorava – disse Roberta. – Achas que eu poderia sê-lo algum dia, pai? Ou ser pelo menos «chegador»?

– Queres dizer fogueiro – respondeu o pai, enquanto dava voltas à locomotiva. – Bom, se ainda quiserem, quando crescerem veremos se podemos fazer de ti fogueira. Lembro-me de que, quando era rapaz...

Foi nessa altura que ouviram bater à porta da rua.

– Quem diabos...! – exclamou o pai. – A casa de um inglês é o seu castelo, claro está, mas eu bem gostava que construíssem estas casas com fossos e pontes levadiças!

Ruth – a empregada, que tinha o cabelo ruivo – entrou e disse que havia dois senhores que queriam falar com o dono da casa.

– Mandei-os entrar para a biblioteca – disse ela.

– Suponho que é sobre a coleta para a homenagem ao Vigário – disse a mãe –, ou então o fundo para o coro da Igreja. Despacha-os depressa, meu querido. Interromperam o serão e está quase na hora de deitar as crianças.

Mas o pai não pareceu capaz de se livrar dos homens assim tão depressa.

— Quem me dera que *tivéssemos* um fosso e uma ponte levadiça — disse Roberta —, assim, quando não quiséssemos visitas, podíamos levantar a ponte levadiça e ninguém conseguia entrar. Aposto que o pai se vai esquecer de quando era rapaz se os deixar ficar cá muito tempo.

A mãe tentou fazer passar o tempo contando-lhes um novo conto de fadas sobre uma princesa de olhos verdes, mas era difícil porque eles conseguiam ouvir as vozes do pai e dos dois senhores que estavam na biblioteca, e a voz do pai era mais alta e diferente da que geralmente usava com as pessoas que vinham falar de homenagens e fundos para os festejos da quadra. Soou então a campainha da biblioteca e toda a gente soltou um suspiro de alívio.

— Estão a ir-se embora — disse Phyllis —, o pai já chamou para os levarem à porta.

Mas em vez de levar fosse quem fosse à porta, Ruth apareceu e estava esquisita, pensaram as crianças.

— Faz favor, minha senhora — disse ela —, o senhor pede-lhe que vá ao escritório. Parece um morto, minha senhora; acho que lhe deram más notícias. É melhor preparar-se para o pior, minha senhora... talvez tenha havido uma morte na família ou um banco falido ou...

— Está bem, Ruth — disse a mãe suavemente —, podes ir.

A mãe dirigiu-se então à biblioteca. Houve mais conversa. Depois a campainha soou outra vez e Ruth chamou um táxi. As crianças ouviram o ruído dos sapatos de pessoas a saírem e a descer as escadas. O táxi afastou-se e a porta da entrada bateu.

Depois a mãe entrou. O seu querido rosto tinha a brancura do colarinho de renda e os olhos estavam muito grandes e brilhantes. A boca era apenas uma linha vermelho pálido – os lábios muito finos não estavam de todo na sua forma normal.

– Está na hora de irem para cama – disse ela. – A Ruth vai deitar-vos.

– Mas, mãe, tinhas prometido que esta noite podíamos deitar-nos mais tarde porque o pai chegou – argumentou Phyllis.

– O pai teve de sair, por uma questão de trabalho – explicou a mãe. – Vá lá, meus queridos, toca a andar.

Deram-lhe um beijo e foram-se deitar. Roberta deixou-se ficar para trás para dar mais um abraço à mãe e para sussurrar:

– Não foram más notícias, mamã, pois não? Morreu alguém... ou...

– Não, não morreu ninguém – respondeu a mãe e quase pareceu que afastava Roberta. – Não te posso dizer nada esta noite, meu amor. Vai lá, querida, vai *já*.

E Roberta lá foi.

Ruth escovou o cabelo das meninas e ajudou-as a despirem-se. (Era a mãe que fazia sempre isso.) Quando já tinha apagado o gás e as tinha deixado, encontrou Peter, ainda vestido, à espera nas escadas.

– Diz-me lá, Ruth, que se passa? – perguntou ele.

– Não me faça perguntas e eu não lhe digo mentiras – replicou a ruiva Ruth. – Em breve saberá tudo.

Já avançada a noite, a mãe subiu e beijou as três crianças que já estavam a dormir. Roberta foi a única cujo beijo acordou, mas ficou calada que nem um rato.

«Se a mãe não quer que saibamos que esteve a chorar», disse de si para consigo ao ouvir na escuridão o soluço da mãe, «*não* vamos sabê-lo. Mais nada».

Quando desceram para o pequeno-almoço, na manhã seguinte, a mãe já tinha saído.

– Foi a Londres – explicou Ruth e deixou-os sossegados a tomar o seu pequeno-almoço.

– Deve ser alguma coisa terrível – disse Peter, partindo o seu ovo quente. – A Ruth disse-me ontem à noite que em breve saberíamos tudo.

– *Perguntaste-lhe*? – interrompeu Roberta, com sarcasmo.

– Perguntei, sim senhora! – respondeu Peter, muito zangado. – Se vocês conseguiram ir para a cama sem querer saber se a mãe estava aflita ou não, eu não consegui.

– Acho que não devíamos perguntar às criadas as coisas que a mãe não nos diz – disse Roberta.

– É verdade, menina boazinha – retorquiu Peter.

– Não sou *boazinha* – atirou Phyllis –, mas acho que a Bobbie desta vez tem razão.

– Claro. Tem sempre razão. Na opinião dela – disse Peter.

– Oh, não! – gritou Roberta, pousando a colher. – Não sejamos horríveis uns com os outros. Tenho a certeza de que está a acontecer uma grave calamidade. Não tornemos as coisas piores!

— Quem foi que começou, gostava eu de saber — continuou Peter.

Roberta fez um esforço e respondeu:

— Fui eu, acho, mas...

— Então, pronto — disse Peter, triunfantemente. Mas antes de ir para a escola deu uma palmada nas costas da irmã e disse-lhe que se animasse.

As crianças vieram almoçar à uma da tarde, mas a mãe não estava em casa. E não estava lá à hora do lanche.

Eram quase sete horas quando chegou, com um aspeto tão doente e tão cansado que as crianças sentiram que não podiam fazer-lhe quaisquer perguntas. Afundou-se num cadeirão. Phyllis tirou-lhe os grandes alfinetes do chapéu, enquanto Roberta lhe puxava as luvas e Peter lhe desapertava os sapatos e lhe ia buscar as pantufas de veludo.

Quando já tinha tomado uma chávena de chá e Roberta lhe pusera água de colónia na pobre cabeça, que lhe doía muito, a mãe disse:

— Agora, meus queridos filhos, quero dizer-vos uma coisa. Aqueles homens que estiveram cá ontem à noite trouxeram efetivamente muito más notícias e o pai vai estar fora algum tempo. Estou muito preocupada com isto e quero que vocês todos me ajudem e não tornem as coisas mais difíceis para mim.

— Era só o que faltava! — exclamou Roberta, encostando a mão da mãe à cara.

— Podem ajudar-me muitíssimo — continuou a mãe —, se forem bonzinhos e bem-dispostos e não discutirem uns com os outros quando eu não estiver em casa – Roberta e Peter trocaram olhares culpados. – Pois eu vou ter de sair muitas vezes.

– Não vamos discutir. Podes ter a certeza – responderam todos. E eram sinceros.

– Então – continuou a mãe –, quero que não me façam perguntas sobre este problema; e que não façam quaisquer perguntas seja a quem for.

Peter encolheu-se e arrastou os pés no tapete.

– Prometem-me isto também, não prometem? – pediu a mãe.

– Eu perguntei à Ruth – admitiu Peter, subitamente. – Estou muito arrependido, mas perguntei.

– E que te disse ela?

– Disse que em breve saberia tudo.

– Não precisam de saber nada a este respeito – explicou a mãe. – São questões de trabalho e vocês não percebem de trabalho, ou percebem?

– Não – confessou Roberta. – Tem alguma coisa a ver com o Governo? – O pai trabalhava numa repartição pública.

– Tem – respondeu a mãe. – Agora são horas de ir para a cama, meus amores. E *não* se preocupem. Vai tudo acabar bem.

– Então, também *não* te preocupes, mãe – retorquiu Phyllis –, vai correr tudo sobre rodas.

A mãe suspirou e beijou-os a todos.

– Amanhã vamos começar a ser bonzinhos logo de manhã – afirmou Peter, enquanto subiam as escadas.

– Porque não *já*? – observou Roberta.

— *Agora* não há nada em que possamos ser bonzinhos, pateta — replicou Peter.

— Podíamos começar por tentar sermos *bons* uns para os outros — disse Phyllis — e não chamarmos nomes uns aos outros.

— Quem é que está a chamar nomes? — instou Peter.

— A Bobbie sabe muito bem que quando eu digo «pateta» é exatamente a mesma coisa que se dissesse Bobbie.

— *Bem, bem* — ripostou Roberta.

— Não, não quero dizer o que achas que quero dizer. Quero dizer que é só... como é que o pai lhe chama? Um «germe carinhoso»! Boa noite!

As raparigas dobraram a roupa com mais apuro que de costume — que era a única maneira de serem boazinhas que lhes ocorria naquele momento.

— Ora bem — disse Phyllis, alisando o bibe —, vocês costumavam dizer que era tudo tão maçador, não acontecia nada, como acontece nos livros. Agora *aconteceu* alguma coisa.

— Eu nunca quis que acontecessem coisas que fizessem a mãe infeliz — respondeu Roberta. — Isto é tudo perfeitamente horrível.

E tudo continuou a ser perfeitamente horrível durante algumas semanas.

A mãe estava quase sempre fora. As refeições eram aborrecidas e sujas. A empregada mais nova foi despedida e a tia Emma veio passar uns tempos com eles. A tia Emma era muito mais velha que a mãe. Estava prestes a ir para o estrangeiro para ser governanta. Andava numa roda-viva para aprontar os vestidos, que eram muito feios e escuros, e tinha-os sempre espalhados por toda a parte. A máquina de costura parecia zumbir – sem parar, todo o santo dia e a maior parte da noite. A tia Emma era da opinião que as crianças deviam ser mantidas no seu devido lugar. E eles mais do que retribuíam o cumprimento. A ideia que tinham do devido lugar da tia Emma era um sítio qualquer onde eles não estivessem. De modo que pouco a viam. Preferiam a companhia das criadas, que eram mais divertidas. A cozinheira, quando estava de bom humor, cantava cantigas cómicas, e a criada dos quartos, quando não estava amuada, sabia imitar uma galinha que pôs um ovo e miar como dois gatos engalfinhados. As criadas nunca contaram às crianças quais tinha sido as más notícias que os tais senhores tinham trazido ao pai. Mas estavam sempre a insinuar que poderiam contar muita coisa, se quisessem – e isto não era nada confortável.

Certo dia, em que Peter tinha montado uma armadilha por cima da porta do quarto de banho e esta tinha funcionado às mil maravilhas quando Ruth lá passara, a empregada ruiva apanhara-o e dera-lhe um puxão de orelhas.

– Vai acabar mal – dissera ela, numa fúria –, o menino é mau, muito mau! Se não se emendar vai para onde o seu precioso pai já foi, digo-lho já!

Roberta contou isto à mãe e no dia seguinte Ruth foi mandada embora.

Depois houve aquela vez em que a mãe chegou a casa e foi para a cama, onde permaneceu dois dias; veio o médico e as crianças vaguearam desconsoladamente pela casa, e chegaram a pensar que o mundo ia acabar.

Certa manhã a mãe desceu finalmente para tomar o pequeno-almoço, muito pálida e com rugas na cara que não costumavam lá estar. Sorriu-lhes, o melhor que conseguiu, e disse:

– Bom, meus amores, está tudo resolvido. Vamos deixar esta casa e vamos viver no campo. Uma casinha branca muito amorosa. Tenho a certeza de que vão adorá-la.

Seguiu-se uma semana de vertiginosas arrumações – não apenas a fazer as malas da roupa, como quando se vai para a praia, mas a empacotar cadeiras e mesas, cobertas com sacos e as pernas envoltas em palha.

Eram coisas de toda a espécie que não se levam quando se vai de férias. Loiças, cobertores, castiçais, tapetes, colchas, panelas e até ferros da lareira.

A casa parecia um armazém de mobílias. Acho que as crianças gostaram muitíssimo. A mãe esteve ocupadíssima, mas não tanto que não pudesse agora falar com eles e ler-lhes histórias e até fazer uns quantos versos para animar Phyllis quando ela caiu com uma chave de parafusos em punho e a espetou na mão.

– Não vais empacotar isto, mãe? – perguntou Roberta, apontando para o lindo armário com incrustações de tartaruga e latão.

– Não podemos levar tudo – respondeu a mãe.

— Mas parece que só levamos todas as coisas feias — disse Roberta.

— Levamos as coisas úteis — disse a mãe —, temos de nos habituar a viver com menos por uns tempos, meu pintainho.

Quando as coisas feias e úteis estavam já todas empacotadas e já tinham sido levadas numa furgoneta por homens de aventais de feltro verde, as duas meninas, a mãe e a tia Emma dormiram nos dois quartos de hóspedes que tinham mobílias bonitas. As camas tinham desaparecido. Foi improvisada uma cama para Peter no sofá da sala de estar.

— Digo-vos uma coisa, meninas — comentou ele, remexendo-se alegremente enquanto a mãe lhe aconchegava a roupa —, gosto de mudanças! Quem me dera que nos mudássemos uma vez por mês.

A mãe riu-se.

— Eu não! — exclamou. — Boa noite, Peterkin.

Quando a mãe se voltou, Roberta viu-lhe a cara. Nunca a esqueceu.

«Oh, mãe», pensou ela com os seus botões ao meter-se na cama, «que corajosa que ela é! Gosto tanto dela! Imaginem ter coragem suficiente para se rir quando se sente *assim*!».

No dia seguinte encheram caixotes e mais caixotes e mais caixotes e depois, ao fim da tarde, veio buscá-los um táxi para os levar à estação.

A tia Emma veio despedir-se deles. Pareceu-lhes que eram *eles* que se estavam a despedir *dela* e sabia-lhes muito bem.

– Coitadinhas das crianças estrangeiras de que ela vai cuidar – murmurou Phyllis. – Por nada deste mundo queria estar na pele delas!

A princípio divertiram-se a olhar pela janela, mas quando começou a escurecer e estavam cada vez com mais sono e já ninguém sabia havia quanto tempo estavam no comboio, foram acordados pela mãe, que os abanou suavemente e lhes disse:

– Acordem, meus queridos. Já chegámos.

Acordaram, transidos de frio e melancolia, e lá ficaram a tremer na plataforma ventosa, enquanto a bagagem era descarregada do comboio. Depois, a máquina, resfolgando e soprando, começou outra vez a trabalhar e arrastou o comboio para longe. As crianças viram as luzes traseiras desaparecerem na escuridão

Foi o primeiro comboio que as crianças viram naquela linha de caminho de ferro que, a seu tempo, haveria de se lhes tornar tão querida. Não adivinhavam que acabariam por gostar do caminho de ferro e como este acabaria por se tornar, mais depressa do que podiam pensar, no centro da sua nova vida, nem as maravilhas e mudanças que lhes traria. Só tremiam e espirravam e esperavam que a caminhada até à sua nova casa não fosse longa. O nariz de Peter estava mais frio do que alguma vez ele se lembrava de o ter tido. O chapéu de Roberta estava à banda e o elástico parecia mais apertado que o habitual. Os atacadores dos sapatos de Phyllis tinham-se desapertado.

– Venham – disse a mãe –, temos de ir a pé. Aqui não há táxis.

A caminhada foi escura e lamacenta. As crianças tropeçaram aqui e ali; distraída, Phyllis caiu numa poça e quando a levantaram estava húmida e infeliz.

Não havia candeeiros na estrada, que subia. A carroça seguia devagar e eles seguiam o ranger áspero das rodas. À medida que os olhos deles se iam habituando à escuridão, viam o monte de caixotes que balançava nebulosamente à sua frente.

Teve de ser aberto um grande portão para a carroça passar. A seguir, a estrada parecia avançar através de uns campos e depois começava a descer. Por fim, avistava-se à direita uma coisa volumosa e escura.

– Ali está a casa – disse a mãe. – Não sei porque terá ela fechado as portadas.

– Quem é *ela*? – quis saber Roberta.

– A senhora que contratei para fazer a limpeza, endireitar a mobília e tratar do jantar.

Havia um muro baixo e árvores.

– Ali é o jardim – indicou a mãe.

– Parece mais um tabuleiro do forno cheio de couves pretas – disse Peter.

A carroça seguiu ao longo do muro do jardim e deu a volta à casa até às traseiras, depois seguiu pelo pátio empedrado e parou na porta de trás.

Não havia luz em nenhuma das janelas.

Bateram todos à porta, mas ninguém veio abrir.

O homem que guiava a carroça disse que supunha que a Sr.ª Viney tinha ido para casa.

– Bem vê, o seu comboio chegou tão atrasado – acrescentou.

– Mas ela é que tem a chave – disse a mãe. – Que havemos nós de fazer?

– Oh, deve tê-la deixado debaixo do degrau da entrada – respondeu o homem da carroça. – É o que as pessoas daqui costumam fazer – tirou a lanterna da carroça e inclinou-se. – Ora cá está ela, bem dizia eu.

Destrancou a porta, entrou e pousou a lanterna em cima da mesa.

– Tem cá uma vela? – perguntou.

– Não sei onde está nada – a voz da mãe era menos alegre do que o habitual.

O homem riscou um fósforo. Havia uma vela em cima da mesa e ele acendeu-a. A esta pequenina luz tremelicante as crianças viram uma grande cozinha quase vazia, com chão de pedra. Não havia cortinas, nem tapete. A mesa de cozinha da casa deles estava no meio da divisão. As cadeiras estavam encostadas a um canto e os potes, panelas, vassouras e a loiça noutro. Não havia lume na lareira e sua grade escura só continha cinzas frias, mortas.

Ao mesmo tempo que o homem da carroça se virava para sair, depois de ter trazido para dentro os caixotes, ouviu-se um som de restolhada e correria que parecia vir de dentro das paredes da casa.

– Oh, que foi isto? – gritaram as raparigas.

– São só os ratos – respondeu o homem da carroça. Abalou e, ao fechar a porta, a súbita corrente de ar apagou a vela.
– Oh, meu Deus – disse Phyllis. – Quem me dera não termos vindo! – e tropeçou numa das cadeiras.
– *Só* os ratos! – exclamou Peter, na escuridão.

Capítulo II
A mina de carvão de Peter

— Que divertido! — exclamou a mãe, no escuro, tateando à procura dos fósforos em cima da mesa. — Grande susto que apanharam os ratinhos, não me parece nada que fossem ratazanas.

Riscou um fósforo, reacendeu a vela e todos se olharam à luz pequena e tremelicante.

— Bom — continuou a mãe —, vocês diziam muitas vezes que queriam que acontecesse alguma coisa diferente e agora aconteceu. Isto é uma grande aventura, não é? Eu disse à Sr.ª Viney que nos trouxesse pão, manteiga e carne, e que deixasse o jantar pronto. Calculo que ela o tenha deixado na sala de jantar. Portanto, vamos lá ver.

A sala de jantar era pegada à cozinha. Parecia muito mais escura do que a cozinha, ao entrarem com uma só vela. Porque a cozinha era caiada, mas a sala de jantar era de madeira escura, do chão ao teto, e o teto era cruzado por pesadas traves negras. Havia um confuso labirinto de mobília poeirenta — a mobília da sala do pequeno-almoço da antiga casa, onde tinham vivido toda a sua vida. Parecia que tinha sido há muito tempo e que tudo isso estava muito longe.

Lá haver uma mesa, havia, e havia cadeiras, mas jantar nem vê-lo.

– Vamos ver nas outras divisões – disse a mãe.

Foram ver. E em todas as divisões havia o mesmo meio--arranjo desastrado de mobílias e ferros de lareira e louça e toda a espécie de coisas esquisitas pelo chão, mas não havia nada para comer; na despensa só havia uma lata de bolachas ferrugenta e um prato partido com uma mistela branca.

– Que diabo de mulher! – exclamou a mãe. – Foi-se embora com o dinheiro e não nos deixou nada que comer.

– Então não vamos jantar? – perguntou Phyllis, desanimada, dando um passo atrás e pisando uma saboneteira que estalou correspondentemente.

– Vamos, sim – esclareceu a mãe –, só que temos de desempacotar um dos caixotes grandes que pusemos na cave. Phil, vê lá onde pões os pés, vá, linda menina. Peter, segura na vela.

A porta para a cave abria da cozinha. Havia cinco degraus de madeira até lá abaixo. Não era exatamente uma cave, pensaram as crianças, porque o teto era tão alto quanto o da cozinha. Tinha pendurados do teto ganchos para presuntos. Havia também lenha e carvão. E os grandes caixotes.

Peter segurou a vela, toda inclinada para um lado, enquanto a mãe tentava abrir o grande caixote. Estava muito bem pregado.

– Onde está o martelo? – perguntou Peter.

— O problema é esse — retorquiu a mãe. — Acho que infelizmente está dentro da caixa. Mas há uma pá para o carvão... e há o ferro da cozinha.

E tentou abrir o caixote com eles.

— Deixa-me fazer isso — disse Peter, pensando que o faria melhor. Toda a gente pensa isto quando vê outra pessoa a acender uma lareira ou a abrir uma caixa ou a desfazer um nó num pedaço de cordel.

— Mãe, vais magoar as mãos — temeu Roberta. — Deixa-me experimentar.

— Oxalá o pai aqui estivesse — disse Phyllis —, abria-o num instante. Porque é que me estás a dar pontapés, Bobbie?

— Não estava nada — respondeu Roberta.

Justamente nessa altura o primeiro dos grandes pregos do caixote começou a sair com um rangido. Depois levantou-se uma das ripas e depois outra, até as quatro estarem de pé com os grandes pregos a brilharem ferozmente à luz da vela, como dentes de ferro.

— Hurra! — exclamou a mãe. — Aqui estão mais algumas velas, é mesmo a primeira coisa! Vão as meninas acendê--las. Hão de encontrar pires ou coisa assim. Deitem uns pingos de cera derretida nos pratinhos e espetem lá as velas direitinhas.

— Quantas havemos de acender?

— Todas as que vos apetecer — respondeu a mãe, animadamente. — O principal é estarmos contentes. Ninguém consegue estar contente no escuro, salvo os mochos e os ratinhos.

De modo que as raparigas acenderam velas. A cabeça do primeiro fósforo voou e foi parar ao dedo da Phyllis; mas, como disse Roberta, foi só uma queimadura de nada e ela bem podia ter sido um mártir romano e ser queimada inteirinha se lhe tivesse acontecido viver nos tempos em que essas coisas se faziam.

Logo que a sala de jantar ficou iluminada por catorze velas, Roberta foi buscar carvão e lenha e acendeu o lume.

— Está muito frio para maio — comentou ela, achando que dizer aquilo era muito de pessoa crescida.

A luz da lareira e das velas deu à sala de jantar um aspeto muito diferente, pois agora podia ver-se que as paredes escuras eram de madeira, com pequenas grinaldas e redondéis esculpidos aqui e ali.

As raparigas «arrumaram» apressadamente a sala, o que quis dizer encostar as cadeiras à parede e amontoar as coisas soltas num canto e escondê-las em parte com o grande cadeirão de couro em que o pai costumava sentar-se depois de jantar.

— Bravo! — gritou a mãe, ao entrar com uma bandeja cheia de coisas. — Parece outra coisa! Vou só buscar uma toalha e depois...

A toalha estava numa caixa com uma fechadura a sério, que se abria com uma chave e não com uma pá, e assim que foi estendida sobre a mesa, foi disposto sobre ela um verdadeiro banquete.

Estavam todos muito, muito cansados, mas animaram-se à vista de um jantar divertido e delicioso. Havia bolachas, sardinhas, compota de ginja, passas e fruta cristalizada e doce de laranja.

– Ainda bem que a tia Emma se lembrou de empacotar as coisas soltas que havia no armário da despensa – disse a mãe. – Phil, *não* ponhas a colher do doce de laranja no meio das sardinhas.

– Não, mãe, não vou pôr – respondeu Phyllis, e pousou-a entre as bolachas.

– Vamos beber à saúde da tia Emma – disse Roberta, repentinamente –, que teria sido de nós se ela não tivesse empacotado estas coisas? À saúde da tia Emma!

E o brinde foi feito com chávenas de chá, porque ninguém encontrou copos.

Todos sentiam que tinham sido um bocadinho duros com a tia Emma. Não era uma pessoa simpática e meiguinha como a mãe, mas no fim de contas fora ela quem se lembrara de empacotar os restos das coisas para comer.

Fora também a tia Emma quem tinha arejado e deixado pronta a roupa de cama, e os homens que tinham feito a mudança da mobília tinham armado as cabeceiras das camas, de modo que depressa as camas ficaram feitas.

– Boa noite, pintainhos – disse a mãe. – Tenho a certeza de que não há ratos, mas vou deixar a porta do meu quarto aberta, se aparecer algum é só gritarem que eu venho logo e digo-lhe exatamente o que penso dele.

Depois, recolheu ao seu quarto. Roberta acordou quando deram as duas horas no pequeno relógio de viagem. Parecia o relógio de uma igreja muito distante, pensava ela. E ouviu também a mãe ainda às voltas no quarto.

Na manhã seguinte, Roberta acordou Phyllis puxando-lhe o cabelo suavemente, mas o suficiente para o seu propósito.

– *Quéquefoi?* – perguntou Phyllis, ainda quase completamente a dormir.

– Acorda! Acorda! – instou Roberta. – Estamos na casa nova, não te lembras? Não há empregadas nem nada. Toca a levantar e começa a ajudar. Vamos para baixo, pé ante pé, muito sorrateiros, e tratamos de pôr tudo lindo antes de a mãe se levantar. Já acordei o Peter. Vai estar vestido ao mesmo tempo que nós.

De modo que se vestiram depressa e sem fazer barulho. É claro que não havia água no quarto delas, pelo que depois de descerem se lavaram o quanto lhes pareceu necessário no jorro da bomba do pátio. Uma dava à bomba e a outra lavava-se. Esguichava muito, mas era interessante.

– É muito mais divertido do que tomar banho na tina – opinou Roberta. – Que brilhantes que são as ervas entre as pedras e o musgo no telhado... oh, e as flores!

O telhado da cozinha, nas traseiras, inclinava-se até muito abaixo. Era feito de colmo e tinha musgo, sempre--vivas, goivos e, até, no canto mais afastado, um molho de violetas.

– Isto é de longe, de longe, de muito longe mais bonito do que a Vila Edgecombe – disse Phyllis. – Não imagino como será o jardim.

– Ainda não é altura de pensar no jardim – retorquiu Roberta, muito concentrada e enérgica. – Vamos entrar e começar a trabalhar.

Depois de acenderem o fogão, puseram a chaleira ao lume e prepararam a loiça do pequeno-almoço; não encontraram as coisas todas, mas um cinzeiro de vidro serviu de excelente saleiro e pareceu-lhes que uma forma de bolo servia muito bem para pôr o pão, se o tivessem.

Quando acharam que não havia mais nada que pudessem fazer, voltaram a sair para gozar a manhã fresca e luminosa.

– Vamos agora ao jardim – disse Peter.

Mas por uma qualquer razão não deram com ele. Andaram e tornaram a andar à volta da casa. O pátio ficava nas traseiras e do outro lado havia estábulos e mais construções exteriores. Dos outros três lados, a casa estava simplesmente no meio de um campo, sem um metro de jardim a separá-lo do curto relvado liso. E, no entanto, estavam certos de terem visto o muro do jardim na noite anterior.

Era uma região acidentada. Conseguiam ver lá em baixo a linha do caminho de ferro e a bocarra negra de um túnel. A estação estava fora de vista. Havia uma grande ponte com arcos altos que atravessava um dos extremos do vale.

– Deixem lá o jardim – disse Peter –, vamos lá abaixo ver o caminho de ferro. Pode haver comboios a passar.

– Conseguimos vê-los daqui – contrapôs Roberta, devagar –, sentemo-nos um bocadinho.

Então, sentaram-se todos numa grande pedra cinzenta e chata, uma das muitas que irrompiam da relva na encosta da colina. Quando a mãe saiu de casa à procura deles, eram oito horas, encontrou-os a dormir profundamente, enroscados ao molho, aquecidos pelo sol.

Tinham acendido um ótimo lume e tinham lá esquecido a chaleira às cinco e meia. De modo que, às oito, o lume já se tinha apagado há algum tempo, a água evaporado e o fundo da chaleira ardido por completo. Além disso, tinham-se esquecido de lavar a loiça antes de pôr a mesa.

— Mas não faz mal, as chávenas e os pires, quero dizer — desculpou a mãe. — Porque descobri outra divisão... já nem me lembrava que havia outra. E é mágica! Fervi água para o chá numa panela.

A nova divisão dava para a cozinha. Na agitação e na meia escuridão da noite anterior tinham julgado que a porta era um armário. Era um quartinho pequeno, quadrado e na sua mesa, muito bem-posta, havia uma fatias de rosbife frio, com pão, manteiga, queijo e uma tarte.

— Empada para o pequeno-almoço! — gritou Peter. — É simplesmente fabuloso!

— Não é empada de carne — esclareceu a mãe —, é tarte de maçã. Bem, isto era o jantar que devíamos ter comido ontem à noite. E havia um bilhete da Sr.ª Viney. O genro partiu um braço e ela teve de ir para casa mais cedo. Vem esta manhã às dez.

Foi um pequeno-almoço maravilhoso. É pouco habitual começar o dia com tarte de maçã fria, mas as crianças disseram que preferiam comê-la em vez da carne.

– Bom, é mais almoço do que pequeno-almoço – concluiu Peter, estendendo o prato para repetir.

O dia foi passado a ajudar a mãe a desempacotar e a arrumar as coisas todas. Seis pequenas pernas estavam um tanto doridas de correr de um lado para o outro, enquanto carregavam roupa, loiça e toda a espécie de coisas para o respetivo lugar. Só já bastante adiantada a tarde é que a mãe disse:

– Pronto! Já chega por hoje. Vou estender-me uma hora, de maneira a estar fresca que nem uma alface à hora do jantar.

Olharam uns para os outros. Cada um dos seus três expressivos semblantes exprimia o mesmo pensamento. Era um pensamento duplo e consistia, como os pedacinhos de informação do Guia do Conhecimento para Crianças, numa pergunta e numa resposta:

P. Aonde havemos de ir?
R. Ao caminho de ferro.

De modo que lá se dirigiram à linha do comboio e logo que se meteram a caminho viram onde se tinha escondido o jardim. Estava logo atrás do estábulo e tinha um muro alto à volta.

– Oh, deixem lá o jardim agora! – gritou Peter. – A mãe disse-me esta manhã onde era. Pode esperar até amanhã. Vamos ao caminho de ferro.

O caminho até à linha era todo a descer por cima de uma relva curta e lisa, com tufos de arbustos aqui e ali e rochas cinzentas e amarelas cravadas na terra como frutas cristalizadas no cimo de um bolo.

O caminho acabava num declive pronunciado e numa vedação de madeira – e lá estava o caminho de ferro com os seus metais reluzentes e os cabos, os postes do telégrafo e os sinais.

Treparam para cima da vedação e depois ouviu-se um som ribombante que os fez olhar ao longo da linha, para a direita, onde a boca escura de um túnel se abria na face de uma colina rochosa; no momento seguinte saía do túnel a toda a velocidade um comboio, a guinchar e a resfolegar, e passava ruidosamente por eles. Sentiram o sopro da sua passagem e as pedrinhas da linha saltaram e chocalharam enquanto passava.

– Oh! – exclamou Roberta, com um fundo suspiro. – Foi como um grande dragão a passar por nós, como uma seta. Sentiram-no a roçar-nos com as suas asas quentes?

– Calculo que, por fora, o covil de um dragão deva parecer-se muito com aquele túnel – disse Phyllis.

E Peter acrescentou:

– Nunca pensei que alguma vez chegássemos tão perto de um comboio como agora. É fantástico!

– É melhor do que locomotivas de brincar, ou não? – comentou Roberta.

(É cansativo tratar Roberta pelo seu nome. Não vejo porque hei de fazê-lo. Ninguém a tratava assim. Toda a gente lhe chamava Bobbie e não vejo porque não hei de fazer o mesmo.)

– Não sei, é diferente – respondeu Peter. – Parece esquisito ver o comboio *todo*. É incrivelmente alto, não acham?

– Sempre os vimos cortados ao meio pelas plataformas – acrescentou Phyllis.
– Esse comboio é capaz de ir para Londres – disse Bobbie.
– Londres é onde está o pai.
– Vamos lá abaixo à estação averiguar – decidiu Peter.
E lá foram.
Foram andando ao longo da beira da linha e ouviam os fios do telégrafo a zumbir por cima das cabeças. Quando vamos no comboio parece que há muito pouca distância entre postes e, um após outro, os postes parecem apanhar os fios mais depressa do que conseguimos contá-los. Mas, quando seguimos a pé, os postes parecem poucos e estarem só de longe em longe.
As crianças lá acabaram por chegar à estação.
Nunca nenhum deles tinha estado numa estação, a não ser para apanhar um comboio – ou, talvez, esperar por ele – e sempre acompanhados por pessoas crescidas, pessoas crescidas que não estavam elas próprias interessadas em estações, salvo como sítios de onde queriam sair.
Nunca tinham passado suficientemente perto de uma casota de sinaleiro para reparar nos fios e ouvir o seu misterioso «ping, ping», seguido por um forte e firme clicar de maquinaria.
As próprias travessas em que descansavam os carris eram um delicioso trilho para caminhar – separadas exatamente o suficiente para servirem de trampolins, numa espécie de jogo da macaca, apressadamente organizado por Bobbie.
Depois entraram na estação, não através do edifício da bilheteira, mas numa espécie de entrada clandestina pela rampa do fim da plataforma. Só isto já era uma delícia.

Uma delícia, também, era espreitar para o gabinete dos carregadores, onde estão as lanternas, o almanaque dos caminhos de ferro na parede e um carregador meio a dormir por trás de um jornal.

Havia muitas linhas cruzadas na estação; algumas iam só até uma via morta e ali paravam, como se estivessem cansadas da sua atividade e quisessem reformar-se de vez. Havia vagões e, de um dos lados, um grande monte de carvão – não um monte solto, mas uma espécie de sólida construção de carvão, com grandes blocos quadrados do lado de fora, usados como se fossem tijolos e levantados até parecerem a imagem das Cidades da Planície da *História da Bíblia contada às Crianças*. Havia uma linha de cal perto do topo da parede de carvão.

Foi então que o carregador se precipitou para fora da sua sala, ao som do badalar repenicado, repetido duas vezes, de um gongo que encimava a porta da estação.

– Como está? – cumprimentou-o Peter com os seus melhores modos e apressou-se a perguntar para que era a marca branca no carvão.

– Para assinalar quanto carvão lá existe – respondeu o carregador –, de maneira a sabermos se alguém *palmou* algum. De modo que nada de sair daqui com carvão no bolso, meu menino!

Isto, na altura, não pareceu mais do que uma piada bem--disposta e Peter apercebeu-se logo de que o carregador era do género amistoso, sem segundas intenções. Mais tarde, porém, as palavras vieram à memória de Peter com um novo significado.

A MINA DE CARVÃO DE PETER

O leitor alguma vez entrou na cozinha de uma quinta no dia de cozer o pão e viu uma grande tijela de massa junto ao lume, para levedar? Se já viu e se nessa altura ainda era suficientemente novo para se interessar por tudo o que via, lembrar-se-á de que se achou incapaz de resistir à tentação de meter um dedo na forma redonda da massa, que se curvava dentro do tabuleiro como um cogumelo gigante. E lembrar-se-á de que o seu dedo fez uma amolgadela na massa e de que, lenta mas bastante seguramente, a amolgadela desapareceu e que a massa terá ficado exatamente com o mesmo aspeto de antes de lhe ter tocado. A não ser, é claro, que a sua mão estivesses ultra suja, em cujo caso teria lá ficado, naturalmente, uma pequena marca preta.

Pois bem, era exatamente assim o desgosto que os miúdos tinham sentido pela ausência do pai e por a mãe estar tão infeliz. Tinha-lhes causado uma grande tristeza, mas não tinha durado muito.

Depressa se acostumaram a estar sem o pai, embora não o esquecessem, e habituaram-se a não ir à escola e a ver muito pouco a mãe, que passava agora os dias quase inteiros fechada no quarto do primeiro andar, a escrever, escrever, escrever. Costumava descer à hora do lanche e ler-lhes em voz alta as histórias que tinha escrito. Eram histórias deliciosas.

As rochas, as colinas, os vales e as árvores, o canal e, acima de tudo, o caminho de ferro eram tal novidade e tão maravilhosos que a lembrança da antiga vida na antiga casa começou a parecer quase um sonho distante.

A mãe tinha-lhes dito mais que uma vez que eram agora «bastante pobres», mas isto parecia não ser mais do que uma maneira de dizer. As pessoas crescidas, mesmo as mães, faziam muitas vezes observações que pareciam não querer dizer nada em particular, só, aparentemente, para parecer que tinham alguma coisa para dizer.

Havia sempre bastante que comer e vestiam o mesmo género de roupa boa que sempre tinham vestido.

Mas em junho vieram três dias húmidos; a chuva caiu, direita como um fuso, e fez muito, muito frio. Ninguém podia sair e estavam todos arrepiados. Subiram ao quarto da mãe e bateram à porta.

— Bom, que foi? — perguntou a mãe lá de dentro.

— Mãe — respondeu Bobbie —, não era melhor acender o lume? Eu não sou capaz.

E a mãe explicou:

— Não, meu pintainho. Estamos em junho, não devemos acender o lume. O carvão é tão caro. Se têm frio, vão brincar para o sótão. Aquecem logo.

— Mas, mãe, é preciso muito pouco carvão para acender o lume.

— É mais do que nos podemos permitir, pintainho — respondeu alegremente a mãe. — Agora, toca a andar, lindos meninos, estou muitíssimo ocupada!

— Agora a mãe está sempre ocupada — disse Phyllis a Peter, num sussurro.

Peter não respondeu. Encolheu os ombros. Estava a pensar.

O pensamento, todavia, não pode manter-se muito tempo afastado da preparação adequada de um covil de bandidos no sótão. Peter era o bandido, claro. Bobbie era a sua ajudante, de entre o seu bando de ladrões de confiança, e, a seu devido tempo, fazia também de pai de Phyllis, que era a donzela sequestrada, por quem se pedia um famoso resgate – em feijões – que foi pago sem hesitação.

Desceram para o lanche, corados e tão jubilosos como quaisquer salteadores da montanha.

Mas quando Phyllis ia barrar doce no pão com manteiga, a mãe advertiu-a:

– Doce *ou* manteiga, querida, não doce *e* manteiga. Hoje em dia não podemos dar-nos a esses luxos desaustinados.

Phyllis acabou de comer a fatia de pão com manteiga em silêncio e seguiu-a de uma fatia de pão com doce. Peter embebeu-se nos seus pensamentos e em chá fraco.

Depois do lanche voltaram para o sótão e ele disse às irmãs:

– Tenho uma ideia.

– Qual é? – perguntaram.

– Não vou dizer-vos – foi a inesperada réplica de Peter.

– Oh, muito bem – ironizou Bobbie.

– Então, não digas – continuou Phil.

– As raparigas são sempre tão precipitadas – disse Peter.

– Eu gostava de saber o que são os rapazes – comentou Bobbie, com magnífico desdém. – Não quero saber das tuas ideias patetas.

– Qualquer dia saberão – atirou Peter, sem perder a calma no que pareceu exatamente um milagre. – Se não tivessem estado tão ansiosas por armar uma zanga, podia ter-vos dito qual era, dado que só a nobreza do meu coração me fez não vos contar a minha ideia. Mas agora não vou contar-vos nada... ora aí está!

E passou algum tempo, de facto, até ele ser convencido a dizer alguma coisa e, quando o fez, não se alargou em palavras:

— A única razão pela qual não vos vou contar a minha ideia é porque *pode* não ser coisa boa e não vos quero meter nisso.

— Se não for coisa boa, Peter, não faças— respondeu Bobbie.
— Deixa-me ser eu a fazê-lo.

Phyllis acrescentou:

— Se *vão* fazer coisas más, eu também quero!

— Não – disse Peter, bastante tocado por tanta devoção –, é uma jogada arriscada e vou ser eu a levá-la a cabo. Tudo o que peço é que se a mãe perguntar por mim não deem com a língua nos dentes.

— *Dar* com a língua nos dentes sobre quê? Não sabemos nada – retorquiu indignadamente Bobbie.

— Sabem, sim senhor! – exclamou Peter, deixando escorrer feijões por entre os dedos. – Confio cegamente em vocês. Sabem que vou empreender uma aventura solitária, que algumas pessoas podem pensar que é má, mas eu não. E se a mãe perguntar onde é que eu estou, digam que estou a brincar às minas.

— Que tipo de minas?

— Digam só minas.

— Podias explicar-*nos*, Pete.

A MINA DE CARVÃO DE PETER

– Está bem, então, minas de *carvão*. Mas não deixem esta palavra cruzar os vossos lábios, sob pena de tortura.

– Não precisas de nos ameaçar – avisou Bobbie –, e acho que podias deixar-nos ajudar-te.

– Se eu encontrar uma mina de carvão, vocês ajudam-me a acartar o carvão – condescendeu Peter.

– Guarda o teu segredo, se queres – disse Phyllis.

– Guarda-o se *conseguires* – atirou Bobbie.

– Vou guardá-lo, estejam descansadas – confirmou Peter.

Entre o lanche e o jantar há um intervalo, até nas famílias menos organizadas. Nesse período a mãe está normalmente a escrever e a Sr.ª Viney já foi para casa.

Duas noites depois do alvorecer da ideia de Peter, este chamou as raparigas, com grandes mistérios, à hora do crepúsculo.

– Venham comigo – disse –, e tragam a quadriga romana.

A quadriga romana era um carrinho de bebé muito velho, que já não era usado há muitos anos, passados na arrecadação por cima da cocheira. As crianças tinham-lhe oleado os rolamentos até ele deslizar tão silenciosamente como uma bicicleta e virar como provavelmente tinha feito nos seus melhores dias.

– Sigam o vosso corajoso líder – comandou Peter e encabeçou a caminhada pela colina abaixo rumo à estação.

Mesmo por cima da estação muitas das rochas tinham posto as cabeças de fora da terra como se, tal qual as crianças, estivessem interessadas no caminho de ferro.

Numa pequena cavidade entre três rochas estava um monte de silvas secas e urze.

Peter parou, revirou o mato com uma bota muito esfolada e disse:

— Eis aqui o primeiro carvão da Mina de São Peter. Vamos levá-lo para casa no carrinho. Pontualidade e despacho. Todas as encomendas atendidas cuidadosamente. Todos os pedaços cortados de forma a servirem ao cliente habitual.

Encheram o carrinho de carvão. E quando ficou completamente carregado tiveram de descarregá-lo outra vez porque estava tão pesado que as três crianças não conseguiram empurrá-lo ladeira acima, nem sequer quando Peter se atrelou ao guiador com os suspensórios e, segurando firmemente o cós das calças com uma mão, puxou por ele enquanto as irmãs o empurravam por trás.

Tiveram de fazer três viagens até todo o carvão da mina de Peter ter sido acrescentado à pilha que estava na cave.

Depois, Peter saiu sozinho e voltou muito enfarruscado e misterioso.

— Fui à minha mina de carvão — disse ele. — Amanhã à tarde vamos buscar os diamantes negros no carrinho.

Foi uma semana depois que a Sr.ª Viney comentou com a mãe que este último lote de carvão se estava a aguentar muito bem.

As crianças davam abraços umas às outras em complicadas contorções de riso silencioso, enquanto escutavam das escadas. Nem mais se lembravam de que alguma vez tivesse havido dúvidas na mente de Peter sobre a bondade daquela atividade de mineração de carvão.

Mas chegou uma noite em que o chefe de estação calçou um par de velhas sapatilhas de praia que tinha usado nas suas férias de verão à beira-mar, esgueirou-se muito sorrateiramente até à zona onde estava o monte de carvão de Sodoma e Gomorra, com a sua lista branca à volta. Aproximou-se pé ante pé e pôs-se à espreita como um gato ao lado do buraco dos ratos. No cimo do monte havia uma coisa qualquer pequena e escura que esgravatava e chocalhava furtivamente no meio do carvão.

O chefe de estação escondeu-se na sombra de um vagão de frenagem que tinha uma pequena chaminé de lata e a inscrição:

G. N. e S. R.
34576
Devolver imediatamente a
White Heather Sidings

e ficou à coca no seu esconderijo até a coisa pequena no cimo da pilha parar de esgravatar e chocalhar, vir até à borda da pilha, descer cuidadosamente e arrastar consigo uma outra coisa qualquer. Então, o braço do chefe de estação levantou-se, a mão abateu-se sobre um certo colarinho e ali estava Peter, firmemente agarrado pela gola do casaco, com um velho saco de carpinteiro cheio de carvão nas suas tremelicantes mãos.

– Então, finalmente, apanhei-te, não é, meu ladrãozeco? – disse o chefe de estação.

– Não sou um ladrão – respondeu Peter, tão firmemente quanto pôde. – Sou um mineiro de carvão.

— Diz isso à Polícia — retorquiu o chefe de estação.
— Será verdade na mesma, diga-o a quem disser — afirmou Peter.
— Foste apanhado — disse o homem, que continuava a segurá-lo. — Cala a boca, meu malandro, e vem comigo para a estação.
— Oh, não — gritou na escuridão uma voz angustiada que não era a de Peter.
— Para a esquadra da *polícia* não! — disse outra voz saída da escuridão.
— Ainda não — explicou o chefe de estação. — Primeiro para a estação do caminho de ferro. Olá, isto é uma verdadeira quadrilha. Quantos são vocês?
— Somos só nós — responderam Bobbie e Phyllis, saindo da sombra de outro vagão com o rótulo *Staveley Colliery* e com a legenda a giz branco: «Para a linha n.° 1».
— Que faz o senhor a espiar uma pessoa desta maneira? — atirou Peter, zangado.
— Já não era sem tempo que alguém te espiasse, acho *eu* — respondeu o chefe de estação. — Toca a andar para a estação.
— Oh, *não* — disse Bobbie. — Não pode decidir *já* o que vai fazer connosco? A culpa é tanto nossa como do Peter. Nós ajudámo-lo a carregar o carvão daqui para fora e sabíamos onde é que ele o arranjava.
— Não sabiam, não senhor — acrescentou Peter.
— Sabíamos, sim — insistiu Bobbie. — Soubemos sempre. Só fizemos de conta que não sabíamos para te fazer a vontade.

Peter não podia mais. Tinha procurado carvão, tinha encontrado carvão e agora ficava a saber que as irmãs lhe tinham «feito a vontade».

— Não me agarre — disse ele. — Não vou fugir.

O chefe de estação largou o colarinho de Peter, riscou um fósforo e olhou-os à luz vacilante.

— Olá — disse ele —, vocês são os miúdos das Três Chaminés, ali de cima. E bem vestidos, ainda por cima. Digam-me lá, o que é que vos levou a fazer uma coisa destas? Nunca foram à igreja nem aprenderam o catecismo ou o que for, não sabem que roubar não é coisa que se faça? — falava agora mais amavelmente.

Peter respondeu:

— Não pensei que isto fosse roubar. Tinha quase a certeza de que não era. Pensei que se o tirasse da parte de fora da pilha, talvez fosse. Mas, sendo no meio, podia razoavelmente contar que fosse como ir a uma mina. Vai levar milhares de anos queimar aquele carvão todo e chegar às partes do meio.

— Não é bem assim. Mas fizeram-no por diversão ou quê?

— Não é uma grande diversão, carregar aquele material que pesa imenso pela encosta acima — explicou Peter, indignadamente.

— Então, porque foi?

A voz do chefe de estação era tão mais amável agora que Peter replicou:

— Lembra-se daquele dia de chuva? Ora bem, a mãe disse-nos que éramos pobres de mais para acender o lume. Sempre tivemos lareiras quando estava frio na outra casa e...

— *Não* — interrompeu Bobbie, num sussurro.

— Bom — continuou o chefe de estação, esfregando pensativamente o queixo —, desta vez, passa. Mas lembrem-se, roubar é roubar e o que é meu não é vosso, quer lhe chamem minerar ou não. Vão lá para casa.

— Quer dizer que não nos vai fazer nada? Bom, o senhor é uma joia de pessoa — disse Peter, com entusiasmo.

— O senhor é um querido — acrescentou Bobbie.

— É um amor — disse Phyllis.

— Não tem importância — retorquiu o chefe de estação.

E com estas palavras se separaram.

— Não me digam nada — disse Peter, enquanto os três subiam a colina. — Vocês são espias e traidoras, é o que é.

Mas as raparigas estavam contentes de mais por terem Peter entre elas, são e salvo, e a caminho das Três Chaminés e não da esquadra da polícia, para se ralarem muito com o que ele dizia.

— Nós *dissemos* que era tanto culpa nossa como tua — respondeu Bobbie, suavemente.

— Pois bem, não era.

— Teria acabado por ser a mesma coisa num tribunal com juízes — continuou Phylis. — Não sejas sarcástico, Peter. Não é culpa nossa que os teus segredos sejam tão fáceis de desvendar.

Deu-lhe o braço e ele consentiu.

— Seja como for, há uma enorme quantidade de carvão na cave — continuou ele.

— Oh, não digas isso! — exclamou Bobbie. — Acho que não devíamos estar muito satisfeitos com *isso*.

– Não sei – afirmou Peter, de ânimo mais levantado. – Não tenho nada a certeza, agora, de que minerar seja um crime.

Mas as raparigas estavam bastante certas disso. E tinham a certeza de que ele também estava certo disso, por pouco que quisesse reconhecê-lo.

Capítulo III
O senhor de idade

Depois da aventura da mina de carvão de Peter, as crianças acharam melhor manterem-se longe da estação, mas não – nem seriam capazes disso – do caminho de ferro. Tinham morado toda a vida numa rua em que táxis e autocarros passavam a roncar a toda a hora, com as carroças de talhantes, padeiros e fabricantes de velas (eu cá nunca vi uma carroça de fabricante de velas, vocês já viram alguma?) a passar a todo o momento. Aqui, no profundo silêncio daquele campo sonolento, as únicas coisas que passavam eram os comboios. Parecia ser tudo o que restava para ligar as crianças à vida que tinha sido em tempos a sua.

Mesmo ao fundo da colina, defronte das Três Chaminés, a passagem diária dos seus seis pés começava a marcar um caminho através da relva lisa e firme. Começaram a saber as horas a que passavam certos comboios e deram-lhes nomes. Ao das 9:15h, para cima, chamavam-lhe Dragão Verde. O das 10:07h, para baixo, era a Lombriga de Wantley. O expresso da meia-
-noite para a cidade, cujo guincho, na sua passagem acelerada,

eles às vezes ouviam, era o Temível Voa-de-noite. Certa vez, Peter levantou-se, à luz gelada das estrelas e, espreitando através das cortinas, deu-lhe imediatamente aquele nome.

Era no Dragão Verde que viajava o senhor de idade. Era um cavalheiro idoso de bom aspeto e que parecia também boa pessoa, o que não é de todo a mesma coisa. O rosto era de cor fresca, bem barbeado, tinha cabelo branco e usava colarinhos de um feitio esquisito e um chapéu alto que não era exatamente do género dos das outras pessoas. É claro que as crianças não viram tudo isto logo à primeira. Na verdade, a primeira coisa em que tinham reparado no senhor de idade fora a mão dele.

Foi certa manhã, quando estavam sentados na vedação à espera do Dragão Verde, que vinha atrasado três minutos e um quarto de acordo com o relógio de Peter, um Waterbury que lhe tinha sido oferecido no seu último aniversário.

– O Dragão Verde vai para onde o pai está – disse Phyllis. – Se fosse um dragão verdadeiro podíamos mandá-lo parar e pedir-lhe que levasse saudades nossas ao pai.

– Os dragões não levam as saudades das pessoas – respondeu Peter –, são superiores a essas coisas.

– Levam, sim senhor, se primeiro tiverem sido devidamente domesticados. Vão buscar e trazer como os cães de estimação – insistiu Phyllis –, e vêm comer à mão. Não percebo porque é que o pai nunca nos escreve.

– A mãe diz que ele tem tido muito que fazer – respondeu Bobbie –, mas que em breve nos escreverá.

– Que tal se todos disséssemos adeus ao Dragão quando passar? – sugeriu Phyllis. – Se for um dragão mágico, perceberá e leva as nossas saudades ao pai. E se não for, três acenos não são grande coisa. Nunca nos farão falta.

De modo que quando o Dragão Verde saiu a guinchar, a toda a velocidade, da bocarra do seu escuro covil, que era o túnel, as três crianças puseram-se de pé no gradeamento e acenaram com os lenços de bolso, sem sequer pensarem se eram lenços limpos ou o contrário. Na verdade, eram muitíssimo o contrário.

E da carruagem da primeira classe uma mão acenou em resposta. Uma mão muito limpa. Segurava um jornal. Era a mão do senhor de idade.

Depois disto, tornou-se costume que se trocassem acenos entre as crianças e o 9:15h.

E as crianças, especialmente as raparigas, gostavam de pensar que talvez o senhor de idade conhecesse o pai e se encontrasse com ele em «trabalho», fosse lá onde fosse esse duvidoso refúgio, e lhe dissesse que os seus três filhos estavam num gradeamento distante, numa região verdejante e lhe acenavam as suas saudades todas as manhãs, fizesse chuva ou sol.

Pois agora podiam sair fossem quais fossem as condições meteorológicas, o que não sucedia quando viviam na cidade. Isto tinha sido obra da tia Emma e as crianças sentiam cada vez mais que não tinham sido muito justas com aquela tia pouco simpática, quando descobriram que úteis que eram as galochas e os casacos à prova de água, de que eles tinham feito troça quando ela lhos tinha comprado.

A mãe andava muito atarefada com a sua escrita. Costumava mandar um bom número de compridos envelopes azuis contendo os seus contos – e chegavam-lhe a ela grandes envelopes de várias cores e feitios. Às vezes suspirava quando os abria e dizia:

– Outra história voltou para casa. Valha-me Deus, valha-me Deus!

E as crianças ficavam muito tristes. Mas às vezes agitava no ar o envelope e dizia:

– Viva! Viva! Cá está um editor sensato. Aceitou o meu conto e está aqui a prova.

Ao princípio, as crianças pensavam que «a prova» era a carta que o editor tinha escrito, mas ficaram a saber que a prova eram longas tiras de papel com a história lá impressa.

Sempre que um editor era sensato havia bolos ao lanche.

Certo dia, Peter estava a descer à aldeia para comprar bolos para festejar a sensatez do editor da *Children's Globe* quando encontrou o chefe de estação.

Peter sentiu grande desconforto, pois agora já tinha tido tempo de meditar no assunto da mina de carvão. Não lhe apetecia dar os bons dias ao chefe de estação, como normalmente se faz a qualquer pessoa que encontramos numa estrada solitária, porque tinha uma sensação de calor, que lhe alastrava até às orelhas, de que o chefe de estação podia não querer falar a uma pessoa que tinha roubado carvão. «Roubar» é uma palavra desagradável, mas Peter sentia que era a palavra certa. De modo que baixou os olhos e disse... nada.

Foi o chefe de estação que lhe dirigiu um «Bom dia» ao passar por ele. Peter respondeu: «Bom dia.» Depois pensou: «Talvez de dia não saiba quem eu sou ou não seria tão bem-educado.»

Não gostou da sensação que este pensamento lhe provocou. Depois, antes de se aperceber do que ia fazer, correu atrás do chefe de estação, que parou quando ouviu as botas apressadas de Peter a baterem no pavimento e a chegar ao pé dele, sem fôlego e com as orelhas agora bastante vermelhas.

– Não quero que seja bem-educado comigo se, quando me vê, não sabe quem eu sou.

– Hã? – disse o chefe de estação.

–Pensei que talvez não soubesse que fui eu quem levou o carvão – continuou Peter –, quando me deu os bons dias. Mas fui eu e estou arrependido. Aí está.

– Ouve – respondeu o chefe de estação –, não estava de todo a pensar no teu precioso carvão. O que lá vai, lá vai. E onde ias com tanta pressa?

– Vou comprar bolos para o lanche – informou Peter.

– Pensava que vocês eram muito pobres – disse o chefe de estação.

– E somos – confirmou Peter, em tom confidencial –, mas temos sempre uns tostões para o lanche quando a mãe por acaso vende um conto ou um poema, ou seja o que for.

– Ah – continuou o chefe de estação –, com que então a vossa mãe escreve contos?

— Os mais bonitos que alguma vez lerá — afirmou Peter.
— Vocês devem estar muito orgulhosos por terem uma mãe tão inteligente.
— Sim — respondeu Peter —, mas ela costumava brincar mais connosco antes de se dedicar a ser tão inteligente.
— Bem — retorquiu o chefe de estação —, tenho de ir andando. Façam-nos uma visita na Estação quando vos apetecer. E quanto ao carvão... bom, não se fala mais nisso, hã?
— Obrigado — disse Peter —, fico muito contente por estar tudo esclarecido entre nós.

Seguiu para a aldeia pela ponte do canal, a fim de comprar os bolos, sentindo-se mais descansado que nunca desde que a mão do chefe de estação lhe tinha ferrado o colarinho, naquela noite do episódio do carvão.

No dia seguinte, depois de enviarem o triplo aceno de saudação ao passageiro do Dragão Verde e de o senhor de idade retribuí-lo como habitual, Peter abriu o caminho rumo à estação.

— Mas achas que devíamos? — perguntou Bobbie.
— Depois da história do carvão, quer ela dizer — explicou Phyllis.
— Eu encontrei-me ontem com o chefe de estação — disse Peter, fazendo de conta que não ouvira Phyllis. — Ele convidou-nos expressamente a ir lá abaixo sempre que quiséssemos.
— Depois da história do carvão? — repetiu Phyllis. — Esperem um minuto, os meus atacadores desapertaram-se outra vez.

— *Estão* sempre desapertados — disse Peter —, e o chefe de estação foi mais cavalheiro do que tu alguma vez serás, Phil... atirar o carvão à cara de uma pessoa dessa maneira.

Phyllis apertou os atacadores e prosseguiu em silêncio, mas tinha os ombros a tremer e uma grossa lágrima acabou por lhe cair do nariz e salpicar o metal da linha do caminho de ferro. Bobbie viu-a.

— Então, querida irmã, que foi isso? — disse, estacando e pondo o braço à volta dos ombros arquejantes de Phyllis.

— Ele disse que eu sou pouco cavalheiresca — soluçou Phyllis. — Eu nunca lhe disse que não se estava a portar como uma senhora, nem sequer quando ele amarrou a minha Clorinda ao molho de lenha e a queimou na fogueira, como se faz a um mártir.

Peter tinha de facto perpetrado aquela façanha um ano ou dois antes.

— Bem, foste tu que começaste, sabes — continuou Bobbie —, com a história do carvão. Não acham melhor desdizerem tudo o que disseram desde o aceno e deixar assim a vossa honra intacta?

— Eu desdigo, se o Peter desdisser — respondeu Phyllis, fungando.

— Está bem — acedeu Peter. — A honra está intacta. Vá, usa o meu lenço, Phil, se perdeste o teu, como de costume. Não sei o que lhes fazes.

— Foste tu que usaste o meu último lenço — atirou Phyllis com indignação —, para atar a porta da coelheira. És muito ingrato. É muito acertado o que diz no livro de poemas sobre um bebé sem dentes magoar mais do que uma serpente, neste caso «ingrato» em vez de «sem dentes». Foi a Miss Lowe que me disse.

– Muito bem – respondeu Peter, impacientemente –, desculpa. *Pronto*! Agora vens ou não?

Chegaram à estação e passaram duas horas deliciosas com o carregador. Era um homem às direitas e parecia nunca se cansar de responder às perguntas que começam com «Porque é que...», daquelas que tantas vezes parecem cansar certas pessoas.

Explicou-lhes muitas coisas que não sabiam – como, por exemplo, que as peças que engancham as carruagens umas às outras se chamam engates e que os tubos parecidos a grandes serpentes que pendem sobre os engates são destinados a fazer parar o comboio.

– Se conseguissem deitar a mão a um cabo desses quando o comboio vai em andamento e o rompessem – explicou –, ele estacava com um sacão.

– *Ele* quem? – perguntou Phyllis.

– O comboio, é claro – respondeu o carregador.

E depois disto, claro que não mais se referiram ao comboio como «ele».

– Vocês conhecem aquele aviso nas carruagens que diz «multa de cinco libras por uso indevido». Se fosse indevidamente usada o comboio parava.

– E se uma pessoa a usar devidamente? – quis saber Roberta.

–Parava na mesma – esclareceu ele –, mas o uso não justifica a não ser que uma pessoa esteja a ser assassinada. Houve uma vez uma velhota... alguém na brincadeira disse-lhe que aquilo era uma campainha do restaurante e ela fez o tal uso indevido, não estando em perigo de vida. Quando o comboio parou e o revisor veio a correr à espera de encontrar alguém prestes a entregar a alma ao Criador, ela disse-lhe: «Olhe, se faz favor, traga-me um copo de cerveja e um bolo de arroz.» O facto é que o comboio teve um atraso de sete minutos.

– E que disse o revisor à velhota?

– *Isso* não sei – replicou o carregador –, mas aposto que ela tão depressa não se esqueceu, fosse o que fosse.

Nesta conversa tão entretida o tempo passou a correr.

O chefe de estação saiu uma ou duas vezes do seu lugar, por trás do postigo da bilheteira, e foi muito simpático com todos eles.

– É como se o carvão nunca tivesse sido descoberto – murmurou Phyllis à irmã.

Deu a cada um deles uma laranja e prometeu-lhes que um dia os levava lá acima à casota do sinaleiro, quando não estivesse tão atarefado.

Passaram pela estação vários comboios e Peter reparou pela primeira vez que as locomotivas tinham números escritos, como os táxis.

– Pois é – explicou o carregador –, conheci um rapaz novo que costumava tomar nota dos números de todos os comboios que via, num bloco de notas que tinha, verde com cantos de prata. O pai dele trabalhava com artigos de papelaria.

Peter achou que também podia apontar os números, embora não fosse filho de um abastado papeleiro. Como não tinha um caderninho de cabedal verde com cantos de prata, o carregador deu-lhe um envelope amarelo e ele apontou lá:

379
663

e achou que era o princípio do que ia ser uma coleção muito interessante.

Nessa noite, ao jantar, perguntou à mãe se ela por acaso teria um caderninho de cabedal verde com cantos de prata. A mãe não tinha, mas, quando soube para que ele o queria, deu-lhe um bloco de notas preto.

– Já lhe foram arrancadas algumas páginas – disse ela –, mas ainda lá cabe uma quantidade de números, e quando estiver cheio eu dou-te outro. Ainda bem que gostas do caminho de ferro. Mas faz-me um favor, não andes na linha.

– Nem se estivermos de frente para o sentido do comboio? – perguntou Peter, depois de uma pausa sombria, em que foram trocados olhares de descontentamento.

– Não, não, a sério – enfatizou a mãe.

– Mãe, *nunca* andaste nas linhas do caminho de ferro quando eras pequena? – quis saber Phyllis.

A mãe era uma mãe sincera e honesta, de modo que teve de responder:
– Andei.
– Então, pronto... – disse Phyllis.
– Mas, meus amores, vocês nem sabem o quanto gosto de vocês. Que faria se vocês se magoassem?
– Gostas mais de nós do que a avó gostava de ti quando eras pequena? – perguntou Phyllis.
Bobbie fez-lhe sinais para ela se calar, mas Phyllis nunca via sinais, por mais evidentes que fossem.
A mãe não respondeu logo. Levantou-se e pôs mais água no bule de chá.
– Ninguém – disse por fim – gostou mais de alguém do que a minha mãe gostou de mim.
Depois ficou outra vez silenciosa e Bobbie deu um pontapé a Phyllis por debaixo da mesa, porque Bobbie compreendia um bocadinho quais os pensamentos que estavam a deixar a mãe tão calada – os pensamentos sobre o tempo em que a mãe era uma menina pequena e o mundo inteiro se resumia à mãe *dela*. Parece tão fácil e tão natural ir a correr ter com as nossas mães quando estamos com problemas, mesmo quando já somos crescidos, e ela pensou que sabia um bocadinho o que deve ser estar triste e já não ter nenhuma mãe a quem recorrer.
De modo que deu um pontapé a Phyllis, que reagiu:
– Porque é que estás a dar-me pontapés dessa maneira, Bob?
Então, a mãe riu-se, suspirou e disse:

– Ora muito bem. Deixem-me só ter a certeza de que verificam mesmo em que sentido vêm os comboios. E não andem na linha ao pé do túnel ou perto das curvas.

– Os comboios andam pela esquerda – disse Peter –, de modo que se nos mantivermos à direita vemo-los a virem.

– Muito bem – disse a mãe, e atrevo-me a dizer que o leitor pensa que não devia tê-lo dito.

Mas lembrou-se de quando era uma menina pequena, e nem ela, nem os filhos, nem o leitor, nem quaisquer outras crianças poderão alguma vez compreender o que lhe custou fazê-lo. Só alguns de vós, como a Bobbie, poderão compreender um bocadinho.

Foi logo no dia seguinte que a mãe ficou de cama com uma grande dor de cabeça. Tinha as mãos a ferver, não quis comer nada e tinha a garganta muito dorida.

– Se eu fosse a si, minha senhora – começou a Sr.ª Viney –, chamava o médico. Há imensas doenças contagiosas a circular por aí neste momento. A mais velha da minha irmã apanhou frio e a doença meteu-se nela, faz dois anos pelo Natal, nunca mais foi a mesma.

A mãe não quis, a princípio, mas à noite sentia-se tão mal que Peter foi mandado à casa da aldeia com três árvores de flores amarelas junto ao portão, onde havia uma placa de latão que dizia «W. W. Forrest, Médico».

W. W. Forrest, médico, veio de imediato. Foi conversando com Peter pelo caminho. Parecia um homem do mais encantador e sensato, interessado pelos caminhos de ferro, pelos coelhos e outras coisas realmente importantes.

Depois de observar a mãe, disse que era uma gripe.

— Agora, «senhora com cara de caso» — disse ele a Bobbie, já fora do quarto —, calculo que queiras ser a enfermeira-chefe.

— Claro que sim — respondeu ela.

— Muito bem, então, vou enviar-vos uns remédios. Mantém aceso um bom lume. Manda fazer um caldo de carne bem forte para lhe dar logo que a febre desça. Pode comer umas uvas agora, água com gás e leite, e é melhor arranjar uma garrafa de brandy. Do melhor. O brandy barato é pior que veneno.

Bobbie pediu-lhe que escrevesse tudo e o médico assim fez.

Quando Bobbie mostrou a lista à mãe, ela riu-se. Uma *verdadeira* gargalhada, achou Bobbie, embora um tanto esquisita e débil.

— Que disparate — disse a mãe, deitada na cama com os olhos a luzir como botões brilhantes. — Não me posso permitir essa porcaria toda. Diz à Sr.ª Viney que coza um quilo de cachaço de cordeiro para o vosso jantar de amanhã e eu tomo um bocado do caldo. Sim, agora dá-me mais um copo de água, meu amor. E trazes-me uma bacia de água e uma esponja, por favor?

Roberta obedeceu. Depois de ter feito tudo o que podia para deixar a mãe menos desconfortável foi ter com os irmãos ao piso de baixo. Tinha as bochechas muito vermelhas, os lábios muito apertados e os olhos quase tão brilhantes como os da mãe.

Contou-lhes o que o médico tinha dito e o que mãe tinha dito.

– E agora – sentenciou ela, depois de lhes ter contado tudo – não há ninguém senão nós para fazer seja o que for e temos de o fazer. Eu tenho o dinheiro para o cordeiro.

– Podemos passar sem esse horrível cordeiro – disse Peter –, pão e manteiga chegam para sobrevivermos. Houve muitas pessoas que já viveram com menos em ilhas desertas.

– É claro que sim – concordou a irmã.

Então, a Sr.ª Viney foi mandada à aldeia para trazer todo o brandy e água com gás que um xelim desse para comprar.

– Mas, mesmo que tivéssemos o que comer – disse Phyllis –, o dinheiro do nosso jantar não chega para essas coisas todas.

– Não – respondeu Bobbie, franzindo o sobrolho –, temos de encontrar outra maneira. Agora *pensem*, todos, com toda a força que puderem.

Pensaram. Depois conversaram. E mais tarde, quando Bobbie subiu para fazer companhia à mãe, no caso de ela precisar de alguma coisa, os outros dois afadigaram-se com tesouras, um lençol branco, uma trincha e a lata de verniz preto que a Sr.ª Viney usava para grades e proteções da lareira. Não conseguiram fazer o que queriam com o primeiro lençol, de modo que foram buscar outro do armário. Não lhes ocorreu que estavam a estragar bons lençóis que custavam bom dinheiro. Só sabiam que estavam a fazer um bom... mas fica para depois o que estavam a fazer.

A cama de Bobbie tinha sido mudada para o quarto da mãe e por várias vezes durante a noite ela se levantou para tratar do lume e para dar leite e água com gás à mãe. A mãe falava sozinha muitas vezes, mas parecia que não queria dizer nada. Uma vez acordou repentinamente e chamou: «Mãezinha, mãezinha!», Bobbie percebeu que ela estava a chamar a avó e que se tinha esquecido de que não valia a pena fazê-lo porque a avó já morrera.

De manhã cedo, Bobbie ouviu chamar o seu nome, saltou da cama e precipitou-se para a cabeceira da mãe.

– Oh... ah, sim... acho que estava a dormir – disse a mãe.
– Meu pobre pintainho, deves estar muito cansada... detesto dar-te esta maçada toda.
– Maçada... – respondeu Bobbie.
– Ah, não chores, querida – pediu a mãe. – Em dois ou três dias ponho-me boa.

Bobbie retorquiu:
– Pois – e tentou sorrir.

Quando estamos acostumados a dez boas horas de sono seguidas, levantarmo-nos três ou quatro vezes durante a noite faz-nos sentir como se tivéssemos estado toda a noite a pé. Bobbie sentia-se bastante atordoada e tinha os olhos doridos e rígidos, mas arrumou o quarto e pôs tudo em ordem antes de chegar o médico.

Eram oito e meia da manhã.

– Está tudo a correr bem, minha pequena enfermeira? – perguntou ele, à porta. – Arranjaram o brandy?

– Tenho o brandy – respondeu Bobbie–, numa garrafinha.
– Mas o que não vi foram as uvas ou o caldo de carne – continuou o médico.
– Não – retorquiu Bobbie com firmeza –, mas amanhã já os vai ver. E está carne a cozer para o caldo.
– Quem vos disse para fazerem isso? – quis saber ele.
– Reparei no que a mãe fez quando a Phil teve papeira.
– Está certo – disse o médico. – Agora diz à senhora que trabalha cá em casa que faça companhia à mãe e depois toma um bom pequeno-almoço, vai direita para a cama e dorme até à hora do almoço. Não podemos dar-nos ao luxo de que a enfermeira-chefe adoeça.

Era realmente um médico bastante simpático.

Quando o das 9:15h saiu do túnel nessa manhã, o senhor de idade da carruagem de primeira classe pôs de lado o seu jornal e preparou-se para acenar às três crianças. Mas nessa manhã não eram três. Era só uma. E essa uma era Peter.

Peter também não estava nos gradeamentos como habitualmente. Estava de pé diante deles, numa atitude parecida à de um homem do circo a mostrar os seus animais selvagens.

Peter estava também a apontar. E aquilo para que apontava era um grande lenço branco pregado à vedação. Havia no pano grossas letras pretas com mais de trinta centímetros de comprimento.

A pintura de algumas tinha escorrido um bocadinho, porque Phyllis usou o verniz preto com excesso de entusiasmo, mas as letras eram bastantes fáceis de ler.

E foi isto o que o senhor de idade e várias outras pessoas que seguiam no comboio leram nas grandes letras pretas do lençol branco:

ATENÇÃO À ESTAÇÃO.

Foram bastantes as pessoas que efetivamente olharam para a estação e ficaram desiludidas, pois não viram nada de inabitual. O senhor de idade também olhou para lá e, a princípio, também não viu nada mais desacostumado do que a plataforma empedrada, o brilho do sol, os goivos e os miosótis das bermas da estação. Foi quando o comboio começou a resfolegar e a preparar-se para se pôr em andamento outra vez que viu Phyllis. Estava quase sem fôlego de tanto correr.
– Oh – disse ela –, pensei que era tarde de mais. Os atacadores estavam sempre a desatar-se e tropecei duas vezes. Tome, é para si.
Enfiou-lhe na mão uma carta morna e húmida, mesmo antes de o comboio começar a andar.
O senhor recostou-se no seu canto e abriu a carta. Eis o que leu:

Querido Senhor, não sabemos o seu nome.
A mãe está doente e o médico diz para lhe darmos as coisas da lista do fim desta carta, mas são coisas que ela não pode permitir-se e diz-nos que arranjemos cordeiro para nós, que ela toma o caldo. Não conhecemos aqui ninguém a não ser o

senhor, porque o pai está fora e não sabemos a morada dele. O pai paga-lhe, ou, se tiver perdido o dinheiro todo, ou qualquer coisa assim, o Peter paga-lhe quando for um homem. Prometemos. Uma Nota De Dívida por todas as coisas que a mãe precisa.

Pode dar o embrulho ao chefe de estação, porque não sabemos em que comboio passará aqui. Diga que é para o Peter que se arrependeu a respeito do carvão, ele saberá quem é.

Roberta
Phyllis
Peter

Vinha depois a lista de coisas que o médico tinha receitado. O senhor de idade leu-a de seguida, de sobrolho levantado. Leu-a uma segunda vez e sorriu. Depois de a ler uma terceira vez meteu-a no bolso e continuou a ler o *Times*.

Cerca das seis horas nessa tarde ouviu-se bater à porta das traseiras. As três crianças correram a abri-la e depararam-se com o amistoso carregador, que lhes tinha contado tantas coisas interessantes sobre caminhos de ferro. Pousou uma grande cesta no chão da cozinha.

– Um senhor de idade – começou ele – pediu-me que trouxesse isto imediatamente cá acima.

– Muitíssimo obrigado – disse Peter e, depois, como o carregador se demorava, acrescentou: – Tenho imensa pena de não ter umas moedas para lhe dar como faz o meu pai, mas...

– Deixa-te disso, se faz favor – respondeu o carregador, com indignação. – Eu não estava a pensar em moedas. Só queria dizer que sinto muito que a vossa mãe não tenha passado lá muito bem e perguntar como se encontra esta noite; e trouxe-lhe aqui umas quantas rosas, que cheiram bem, lá isso cheiram. Quais moedas – disse ele e apresentou um molho de rosas tirado do chapéu, «tal qual um ilusionista», como Phyllis observou depois.

– Muitíssimo obrigado – respondeu Peter – e peço desculpa pelas moedas.

– Não me ofendi – descansou-o o carregador, fugindo à verdade, mas educadamente, e foi-se embora.

Então, as crianças desempacotaram a cesta. Primeiro havia palha, depois aparas de madeira muito finas e finalmente todas as coisas que tinham pedido, em grande quantidade, além de muitas outras coisas que não tinham pedido, entre as quais pêssegos e vinho do Porto, dois frangos, uma caixa de cartão com rosas vermelhas de grandes hastes, um frasco verde alto e estreito de água de lavanda e três frascos mais pequenos e mais gordos de água-de-colónia. Vinha também uma carta.

Queridos Roberta, Phyllis e Peter,

Aqui estão as coisas de que precisam. A vossa mãe quererá saber de onde vieram. Digam-lhe que foram enviadas por um amigo que ouviu dizer que ela estava doente. Quando estiver boa, contem-lhe tudo, é claro. E se ela afirmar que não deviam ter pedido estas coisas, respondam-lhe que eu mando dizer que fizeram muito bem e que espero que me perdoe por tomar a liberdade de me permitir este muito grande prazer.

A carta era assinada G. P. qualquer coisa, que as crianças não conseguiam ler.

– Acho que fizemos bem – disse Phyllis.
– *Bem*? Claro que fizemos bem – respondeu Bobbie.
– Seja como for – continuou Peter, com as mãos nos bolsos –, não estou propriamente entusiasmado com a perspetiva de contar à mãe toda a verdade sobre isto.
– Não vamos contar até ela estar bem – disse Bobbie –, e quando estiver bem ficaremos tão contentes que não nos vamos importar muito com uma pequena confusão como esta. Oh, olhem para estas rosas! Tenho de lhas levar lá acima.
– E as outras rosas – lembrou Phyllis, fungando ruidosamente –, não se esqueçam das outras.
– Como se eu me esquecesse! – exclamou Roberta.
– A mãe contou-me no outro dia que, quando era pequena, havia na casa da mãe dela uma grande sebe dessas rosas.

Capítulo IV
A assaltante de locomotivas

O que restava do segundo lençol e o verniz preto deram muito jeito para fazer uma faixa com os seguintes dizeres:

ESTÁ QUASE BOA, OBRIGADO

e foi exibido ao Dragão Verde cerca de quinze dias depois da chegada da maravilhosa cesta. O senhor de idade viu-o e respondeu do comboio com um aceno jovial. Então, as crianças acharam que chegara o momento em que tinham de contar à mãe o que tinham feito enquanto ela estava doente. E não pareceu nada tão fácil como tinham julgado que seria. Mas tinha de ser feito. E foi feito. A mãe ficou extremamente zangada. Ela raramente se zangava e agora estava mais zangada do que alguma vez a tinham visto. Foi horrível. Mas foi muito pior quando ela repentinamente se pôs a chorar. O choro é contagioso, acho eu, como o sarampo e a tosse convulsa. Assim, pareciam um concerto de choradeira.

A mãe foi a primeira a parar. Enxugou os olhos e disse:

– Desculpem ter-me zangado tanto, meus queridos, porque eu sei que vocês não perceberam.

– Não quisemos ser maus, mamã – soluçou Bobbie, e Peter e Phyllis fungaram.

– Oiçam lá, agora – continuou a mãe –, é verdade que somos pobres, mas temos o suficiente para nos sustentarmos. Vocês não devem andar a contar a toda a gente os nossos assuntos, não está certo. E nunca, nunca, pedir a estranhos que vos deem coisas. Doravante lembrem-se sempre disto, prometem?

Todos se abraçaram a ela e esfregaram as bochechas molhadas nas dela e prometeram que assim fariam.

– Vou escrever uma carta ao vosso senhor de idade, a dizer-lhe que não achei bem... e, claro, também a agradecer-lhe a generosidade. É a *vocês* que eu desaprovo, meus queridos, não ao senhor de idade. Foi o mais amável possível. E podem entregar a minha carta ao chefe de estação para lha dar, e não se fala mais nisso.

Mais tarde, quando ficaram sozinhos, Bobbie começou:

– A mãe é formidável, não é? Vejam lá se apanham alguma outra pessoa crescida a pedir desculpa por se ter zangado.

– É verdade – concordou Peter. – *É* formidável, mas é horrível quando se zanga.

– Gosto mais quando não se zanga – disse Phyllis. – Mas, mesmo quando está furiosa, mesmo a sério, é tão bonita.

Levaram a carta ao chefe de estação.

— Julgava que vocês só tinham amigos em Londres – disse ele.
— Ganhámos este amigo, entretanto – explicou Peter.
— Mas ele não vive por aqui?
— Não... só o conhecemos do caminho de ferro.

O chefe de estação recolheu então ao seu posto por trás da bilheteira. As crianças foram até à sala do carregador e conversaram com ele. Aprenderam várias coisas interessantes – entre outras, que ele se chamava Perks, que era casado e tinha três filhos, que as luzes na frente das locomotivas se chamam faróis dianteiros e as de trás luzes de cauda.

— E isto só mostra – sussurrou Phyllis – que os comboios *são* realmente dragões disfarçados, com verdadeiros olhos e cauda.

Foi nesse dia que as crianças repararam pela primeira vez que as locomotivas não eram todas iguais.

— Iguais? – admirou-se o carregador, que se chamava Perks. – Pela tua saúde, menina. São tão iguais quanto tu e eu. Aquela pequenina sem reboque que acaba de passar, sozinha, era uma locomotiva-tanque, isso mesmo; está a sair em manobras para o outro lado de Maidbridge. É como se fosses tu. Depois há as locomotivas de mercadorias, umas coisas grandes, poderosas, com três rodas de cada lado, ligadas por varões para as fortalecer, como se fossem eu. A seguir há as locomotivas das composições de passageiros, como se fossem aqui o menino Peter quando crescer e ganhar todas as corridas lá na escola... que vai ganhar de certeza. A locomotiva das linhas de passageiros é feita para a velocidade bem como para a força. É a do das 9:15h para cima.

– O Dragão Verde – concluiu Phyllis.

– Cá entre nós, menina, chamamos-lhe *caracol* – disse o carregador. – Fica muitas vezes para trás de outros comboios da linha.

– Mas a locomotiva é verde – insistiu Phyllis.

– Pois é, menina – concordou Perks –, mas isso também o caracol é em certas épocas do ano.

Enquanto iam para casa, para jantar, as crianças concordaram que o carregador era a mais deliciosa das companhias.

No dia seguinte era o aniversário de Roberta. A seguir ao almoço foi-lhe pedido cortês, mas firmemente, que «desaparecesse» até à hora do lanche.

– Não podes ver o que vamos fazer até estar pronto; é uma surpresa formidável – disse Phyllis.

Roberta foi para o jardim sem companhia. Tentou sentir-se agradecida, mas não podia deixar de pensar que teria gostado muito mais de ajudar no que quer que fosse do que passar a tarde do seu aniversário sozinha, por mais formidável que fosse a tal surpresa.

Agora que estava só, tinha tempo para pensar e uma das coisas em que mais pensava era no que a mãe tinha dito numa daquelas noites febris em que as suas mãos estavam tão quentes e os seus olhos tão brilhantes.

As palavras foram: «Oh, a conta que o médico vai apresentar!»

Deu voltas e mais voltas ao jardim entre os buxos de rosas que ainda não tinham nenhuma rosa, só botões, os buxos de lilases e mais lilases e flores de cerejeira, e quanto mais pensava na conta do médico menos gostava de pensar nisso.

Por fim tomou uma decisão. Saiu pela porta lateral do jardim e subiu pelo campo íngreme acima, até onde a estrada corre ao longo do canal. Foi andando por ali fora até chegar à ponte que atravessa o canal e leva à aldeia, e ficou à espera. Era muito agradável estar ao sol, com os cotovelos apoiados na pedra morna da ponte e ficar a olhar para a água azul do canal lá em baixo. Bobbie nunca tinha visto outro canal, exceto o Canal do Regente e esse não tem uma água nada bonita. E nunca tinha visto outro rio que não o Tamisa, que também ganharia se fosse limpo.

As crianças talvez tivessem gostado tanto do canal como do caminho de ferro, não fossem duas coisas. Uma, era que tinham encontrado o caminho de ferro *primeiro* – naquela primeira manhã maravilhosa em que a casa e a região, as charnecas, as rochas e as grandes colinas eram uma completa novidade para eles. Só tinham descoberto o canal alguns dias depois. A outra razão era que toda a gente do caminho de ferro tinha sido amável para com eles – o chefe de estação, o carregador e o senhor de idade que acenava. E as pessoas do canal eram tudo menos amáveis.

As pessoas do canal eram os barqueiros, que governavam as lentas barcaças para cima e para baixo ou caminhavam a par dos velhos cavalos, que puxavam as compridas cordas de reboque.

Peter tinha uma vez perguntado as horas a um dos barqueiros e ele tinha-lhe respondido que saísse dali num tom tão feroz que ele nem tinha parado para responder alguma coisa sobre ter tanto direito de estar ali como o próprio homem. Na verdade, nem sequer pensou em responder-lhe isso senão algum tempo depois.

Depois, num outro dia em que as crianças tinham pensado que gostariam de pescar no canal, um rapaz de uma das barcaças atirou-lhes torrões de carvão e um deles acertou na nuca de Phyllis. Tinha acabado de se baixar para apertar os atacadores das botas – e embora o carvão quase não a tenha magoado, fez com que não lhe apetecesse muito ir pescar.

Na ponte, porém, Roberta sentia-se bastante segura, porque via bem o canal lá em baixo e se algum rapaz desse sinal de tencionar atirar-lhe carvão podia esconder-se atrás do parapeito.

Foi nesse momento que se ouviu um som de rodas, que era justamente do que ela estava à espera.

As rodas eram da charrete do médico e na charrete, é claro, ia o médico.

Parou e chamou-a:

– Olá, enfermeira-chefe! Queres boleia?

– Queria falar consigo – respondeu Robbie.

– A tua mãe não está pior, espero – disse o médico.

– Não... mas...

– Bom, então salta para aqui e vamos dar um passeio.

Roberta subiu para a charrete e o médico fez o cavalo castanho dar a volta – do que este não gostou nada, pois estava a preparar-se para o seu lanche... quero dizer, a sua aveia.

— Isto *é* bom — comentou Bobbie, enquanto a charrete corria na estrada que ladeava o canal.

— Podíamos atirar uma pedra por qualquer das tuas três chaminés abaixo — disse o médico, ao passarem pela casa.

— Pois — concordou Bobbie —, mas era preciso ter uma bela pontaria.

— Como é que sabes que eu não a tenho? — interrogou-a o médico. — Agora diz-me lá, qual é o problema?

Bobbie brincava com o gancho da manta dos passageiros.

— Vá, deita isso cá para fora — insistiu o médico.

— É um bocado difícil deitar isto cá para fora — disse Bobbie —, por causa do que a mãe disse.

— E o que é que a mãe disse?

—Disse que eu não devia andar a dizer a toda a gente que somos pobres. Mas o senhor não é toda a gente, pois não?

— Nem por sombras — retorquiu o médico, jovialmente.

— E então?

— Bom, eu sei que os médicos são muito extravagantes... quero dizer, caros, e a Sr.ª Viney disse-me que o tratamento dela foi muito barato porque ela pertence a um clube.

— Sim?

— É que ela disse-me, está a ver, que o senhor era um médico muito bom e perguntei-lhe como é que ela podia permitir-se consultá-lo, porque ela é muito mais pobre do que nós. Já estive em casa dela e sei muito bem. E depois ela contou-me do clube e eu pensei em perguntar-lhe... e... oh, eu não quero que a mãe esteja preocupada! Não podemos entrar para o clube também, como a Sr.ª Viney?

O médico ficou em silêncio. Também era bastante pobre ele próprio e tinha ficado contente por ter naquela família novos clientes. De modo que, penso eu, naqueles primeiros instantes os seus sentimentos foram bastante contraditórios.

– Não está zangado comigo, pois não? – perguntou Bobbie, numa vozinha muito baixa.

O médico acordou dos seus pensamentos.

– Zangado? A que propósito? És uma mulherzinha muito sensata. Olha cá, não te preocupes. Eu trato de que tudo corra bem para a tua mãe, mesmo que tenha de criar um clube novinho em folha só para ela. Olha, é ali que começa o aqueduto.

– O que é um Aque... como é que se chama? – quis saber Bobbie.

– Uma ponte para água – esclareceu o médico. – Olha.

A estrada subia até uma ponte sobre o canal. À esquerda havia uma falésia rochosa e escarpada com árvores e mato a crescerem nas rachas dos rochedos. E o canal, aqui, deixava de correr ao longo do cume da colina e começava a deslizar sobre uma ponte só dele – uma grande ponte que atravessava o vale de um lado ao outro.

Bobbie soltou um fundo suspiro.

– É *grandioso*, não é? – disse ela. – É como nas imagens da história de Roma.

– Muito bem! – exclamou o médico. – É exatamente com *isso* que se parece. Os romanos eram completamente doidos por aquedutos. É uma esplêndida obra de engenharia.

– Eu julgava que engenharia era fabricar engenhos.

– Ah, mas é que existem diferentes espécies de engenharia, construir estradas e pontes e túneis é uma. E fazer fortificações é outra. Bom, temos de voltar para trás. E, lembra-te, não deves preocupar-te com contas do médico ou ficas tu doente e depois mando-te uma conta do tamanho do aqueduto.

Quando Bobbie se despediu do médico no topo do campo que descia para a Três Chaminés não conseguia achar que tivesse feito mal. Sabia que a mãe talvez tivesse uma ideia diferente. Mas Bobbie sentia que por uma vez era ela quem tinha razão e correu pela encosta rochosa abaixo com uma sensação de verdadeira felicidade.

Phyllis e Peter receberam-na na porta das traseiras. Estavam anormalmente limpos e arranjados e Phyllis tinha um laçarote vermelho no cabelo. Bobbie só teve tempo à justa para se arranjar e atar o cabelo com um laçarote azul quando soou uma pequena campainha.

– Aí está! – exclamou Phyllis. – Isto é para indicar que a surpresa está pronta. Agora esperas até a campainha tocar outra vez e depois podes entrar na sala de jantar.

De modo que Bobbie esperou.

«Tlim, tlim», soou a pequena campainha, e Bobbie entrou na sala de jantar, bastante tímida. Assim que abriu a porta encontrou-se, era o que parecia, num mundo novo de luz e flores e cantoria. A mãe, Peter e Phyllis estavam em fila ao fundo da mesa. As portadas estavam fechadas e havia doze velas em cima da mesa, uma por cada um dos anos de Roberta. A mesa estava coberta por uma espécie de padrão de flores e, no lugar de Roberta, estava uma grossa grinalda de miosótis e vários embrulhinhos. A mãe, Phyllis e Peter estavam a cantar – entoavam a primeira parte da melodia do Dia de São Patrício. Roberta sabia que tinha sido a mãe a escrever as palavras de propósito para o seu aniversário. Era uma coisa que a mãe fazia nos dias de anos. Tinha começado no quarto aniversário de Roberta quando Phyllis era bebé. Bobbie lembrava-se de aprender os versos para fazer a surpresa ao pai. Pensou se a mãe também se lembraria. O verso dos quatro anos tinha sido:

Paizinho querido, só tenho quatro anos
E preferia mais não ter.
Quatro é a melhor idade a haver,
Dois e dois e três e um mais.
Mas dois e dois é do que gosto mais,
Peter, Phil e os pais.
Um e três é do que gostas tu,
A mãe, Peter, Phil e eu.
Dá à tua pequenina um beijo
Porque ela aprendeu e te cantou tudo.

A letra que agora cantavam dizia assim:

À nossa Roberta,
Que nenhum desgosto a atinja
Se pudermos evitar-lho

Durante a vida inteira dela.
Os seus anos são para nós uma festa,
Vamos fazer deles um grande dia,
E dar-lhe os nossos presentes
E esta nossa cantiga.
Que tenha muitas felicidades
E os fados lhe mandem
A mais feliz jornada
Ao longo da vida.
Com os céus a brilharem sobre a sua cabeça
E os seus entes queridos a gostar muito dela!
Querida Bob! Que contes muitos
E muitos dias destes!

Quando acabaram de cantar, gritaram: «Três vivas à nossa Bobbie!», e deram-nos em voz bem alta. Bobbie sentiu-se exatamente como se fosse chorar – sabem, aquela sensação estranha na ponta do nariz e as picadas nas pálpebras? Mas antes que tivesse tempo de soltar uma lágrima estavam todos a dar-lhe beijos e abraços.

– Agora os presentes – disse a mãe –, abre os teus presentes, querida.

Eram presentes muito bonitos. Havia um estojo de agulhas verde e encarnado, feito por Phyllis em segredo. Um broche de prata amoroso, em forma de florzinha, que era da mãe e que Bobbie conhecia e cobiçava havia anos, mas que nunca, nunca pensou que pudesse ser para ela. Havia também um par de jarras de vidro azul oferecido pela Sr.ª Viney. Roberta tinha-os visto e admirado na loja da aldeia. E três cartões de parabéns com imagens e votos muito bonitos.

A mãe ajustou a grinalda de flores de miosótis no cabelo castanho de Bobbie.

– Agora olha para a mesa – disse ela.

Havia na mesa um bolo coberto de açúcar branco, com «Querida Bobbie» escrito em rebuçados cor-de-rosa; havia pãezinhos e compota, mas a coisa mais bonita era que a grande mesa estava quase completamente coberta de flores – estavam colocados goivos a toda a volta do tabuleiro do chá – e havia um colar de miosótis à volta de cada prato. O bolo tinha uma cinta de lilases brancos à volta e no meio havia uma espécie de padrão, algo feito de simples rebentos de lilás ou goivos ou laburno.

– É um mapa, um mapa do caminho de ferro! – gritou Peter. – Olhem, as linhas de lilases são os carris, e ali está a estação, feita de goivos castanhos. O laburno é o comboio e há casotas de sinaleiros e a estrada que vem até aqui; e aquelas margaridas vermelhas e gordas somos nós a acenar ao senhor de idade, isto é ele, o amor-perfeito no comboio de laburno.

– E ali estão as Três Chaminés, feitas de prímulas roxas – disse Phyllis. – E aquele botão de rosa pequenino é a mãe à nossa procura quando estamos atrasados para o lanche. Foi o Peter que inventou isto tudo, e arranjámos as flores na estação. Pensámos que gostavas mais assim.

— Este é o meu presente — disse Peter, largando de supetão em cima da mesa, à frente dela, a sua adorada locomotiva a vapor. O vagão-reboque estava forrado de papel branco novo e cheio de guloseimas.

— Oh, Peter! — gritou Bobbie, comovida. — Não me digas que é a tua querida locomotiva de que tanto gostas?

— Oh, não — respondeu Peter, prontamente —, não é a locomotiva. Só os doces.

Bobbie não conseguiu evitar que a cara se lhe alterasse ligeiramente — não tanto por ter ficado desiludida por não ficar com a locomotiva, mas por ter achado que era um gesto tão nobre da parte de Peter e agora sentir que tinha sido palerma em pensar uma coisa assim. Achava também que devia ter parecido muito gananciosa por esperar a locomotiva além das guloseimas. Por isso as suas feições se alteraram. Peter deu por isso. Hesitou um minuto; depois, também a cara dele mudou e disse:

— Quer dizer, não é a locomotiva *toda*. Pode ser dos dois, se quiseres.

— Que querido! — gritou Bobbie. — É um presente maravilhoso!

Nada mais disse em voz alta, mas de si para consigo disse: «Isto foi mesmo incrivelmente decente da parte do Peter, porque eu sei que não era o que ele tencionava. Bem, a minha metade da locomotiva vai ser a parte estragada e vou mandá-la arranjar e devolvê-la ao Peter nos anos dele.»

— Sim, querida mãe, quero cortar o bolo — acrescentou ela, e passaram ao lanche.

Foi uma festa de anos deliciosa. Depois do lanche a mãe jogou vários jogos com eles – todos os que quiseram – e é claro que a primeira escolha deles foi o da cabra-cega, no decurso do qual a grinalda de miosótis da Bobbie se entortou toda para cima de uma das orelhas e ali ficou. Depois, quando se aproximava a hora de ir para a cama e de acalmarem, a mãe desencantou uma bela história para lhes contar.

– Não vai ficar a trabalhar até tarde, pois não, mãe? – perguntou Bobbie quando lhe deram as boas noites.

E a mãe disse que não, não ia – ia só escrever ao pai e depois deitava-se.

Mas quando Bobbie, mais tarde, desceu pé ante pé para ir buscar os presentes – pois sentia que realmente não podia estar separada deles uma noite inteira –, a mãe não estava a escrever, mas sim com a cabeça entre os braços e os braços em cima da mesa. Acho que Bobbie fez muito bem em se afastar silenciosamente, pensando uma e outra vez: «A mãe não quer que eu saiba que está infeliz e não o vou saber, não o vou saber.» Mas foi um fim de dia de anos muito triste.

* * *

Na manhã seguinte, Bobbie começou à procura da oportunidade perfeita para consertar em segredo a locomotiva de Peter. E essa oportunidade surgiu logo na tarde seguinte.

A mãe foi de comboio à cidade mais próxima fazer compras. Quando saía, ia sempre à estação dos Correios. Talvez para enviar cartas ao pai, pois nunca encarregava disso as crianças ou a Sr.ª Viney, e ela própria nunca ia à aldeia. Peter e Phyllis tinham ido com a mãe. Bobbie queria uma desculpa para não ir, mas por mais que tentasse não conseguia descobrir uma que fosse boa. E precisamente quando já julgava que estava tudo perdido, o vestido prendeu-se-lhe num grande prego ao pé da porta da cozinha e fez um grande rasgão em toda a parte da frente da saia. Asseguro-vos de que foi realmente um acidente. De modo que os outros tiveram muita pena de Bobbie e foram sem ela, pois não havia tempo para que mudasse de roupa, já estavam bastante atrasados e tinham de se apressar para a estação se queriam apanhar o comboio.

Depois de os outros saírem, Bobbie vestiu-se e foi até à estação. Não entrou e seguiu ao longo da linha até ao fim do cais, onde a locomotiva fica quando o comboio descendente está no cais – o lugar onde há um depósito de água e um tubo de couro comprido e flácido, parecido com a tromba de um elefante. Escondeu-se atrás de uns arbustos do outro lado da linha. Tinha a locomotiva de brincar embrulhada num papel pardo e esperou pacientemente com ela debaixo do braço.

Depois, quando o comboio seguinte chegou e parou, Bobbie atravessou os carris da linha ascendente e ficou ao lado da locomotiva. Nunca tinha estado tão perto de uma locomotiva. Parecia muito maior e mais imponente do que ela esperara e fê-la sentir-se muito pequenina e, de certa maneira, muito delicada – como se com muita, muita facilidade pudesse magoar-se seriamente.

– Percebo agora como se devem sentir os bichos de seda – disse Bobbie para si.

O maquinista e o fogueiro da locomotiva não a viram. Estavam debruçados para o outro lado, a contar ao carregador uma história sobre um cão e uma perna de cordeiro.

–Faz favor – disse Roberta, mas a locomotiva largava vapor e ninguém a ouviu. – Faz favor, senhor maquinista – insistiu ela um pouco mais alto, mas a locomotiva fazia barulho e claro que a vozinha de Bobbie não tinha qualquer hipótese.

Pareceu-lhe que a única maneira era trepar à locomotiva e puxar-lhes pelos casacos. O degrau era alto, mas lá conseguiu pôr um joelho e alçar-se até à cabina; tropeçou e caiu, mãos e joelhos na base do grande monte de carvão que se estendia até à abertura quadrada do vagão-reboque. A locomotiva fazia muito mais barulho do que era preciso. E justamente quando Roberta caiu em cima do carvão, o maquinista, que se tinha voltado sem a ver, pôs a locomotiva a andar e quando Bobbie conseguiu levantar-se o comboio estava a andar, não muito depressa, mas o suficiente para ela não conseguir sair dali.

Num assustador relâmpago, passaram-lhe pela cabeça pensamentos de toda a espécie. Havia coisas como os comboios expressos que percorriam, supunha ela, centenas de quilómetros sem parar. E se aquele fosse um desses? Como havia ela de voltar outra vez para casa? Não tinha dinheiro para o bilhete de ida e volta.

«E não tenho nada que estar aqui. Sou uma assaltante de locomotivas, é o que sou», pensou ela. «Não me admirava nada que me prendessem por causa disto.» E o comboio acelerava cada vez mais.

Tinha um nó na garganta que lhe tornava impossível falar. Tentou duas vezes. Os homens estavam de costas para ela. Estavam a fazer qualquer coisa a uns objetos que se assemelhavam a torneiras.

De repente, estendeu a mão e agarrou a manga mais próxima. O homem virou-se com um sobressalto, e ele e Roberta ficaram um minuto a entreolhar-se em silêncio. Depois ambos quebraram o silêncio ao mesmo tempo.

O homem exclamou:

– Ora esta!

E Roberta rompeu a chorar.

O outro homem repetiu a frase – ou uma coisa parecida, mas, embora naturalmente surpreendidos, não foram exatamente antipáticos.

– És uma menina muito marota, lá isso és – disse o fogueiro.

– Uma grande atrevida – continuou o maquinista.

– É o que eu acho – acrescentou o fogueiro.

Mas fizeram-na sentar-se num assento de ferro da cabina, pediram-lhe que parasse de chorar e lhes dissesse ao que vinha.

E ela parou, logo que pôde. Uma coisa que a ajudou foi o pensamento de que Peter daria tudo para estar no lugar dela – numa locomotiva verdadeira, a andar a sério. As crianças tinham pensado muitas vezes se seria possível encontrar um maquinista suficientemente generoso para as levar a passear de locomotiva – e agora ali estava ela. Enxugou os olhos e fungou convictamente.

– Ora, muito bem – disse o fogueiro –, deita tudo cá para fora. Que pretendias com isto?

– Oh, meu Deus – fungou Bobbie.

– Vá lá, experimenta outra vez – pediu o maquinista, encorajadoramente.

Bobbie experimentou outra vez.

– Pelo amor de Deus, senhor maquinista – começou ela. – Eu chamei-vos lá de baixo, mas não me ouviram... e eu só subi para vos tocar no braço... tencionava fazê-lo muito ao de leve... e depois caí em cima do carvão... e tenho muita pena de vos ter assustado. Oh, não se zanguem... por amor de Deus, não se zanguem! – fungou novamente.

– Não é que estejamos *zangados* – disse o fogueiro –, estamos é, por assim dizer, curiosos. Não é todos os dias que uma menina nos cai do céu em cima do carvão, ou cai, Bill? Que *intenção* era a tua?

– A questão é essa – concordou o maquinista. – Que *intenção* era a tua?

Bobbie descobriu que ainda não tinha acabado bem de chorar. O maquinista deu-lhe umas pancadinhas nas costas e disse-lhe:

– Vá, companheira, anima-te. Isto aqui não é assim tão mau, palavra de honra.

– O que eu queria... – continuou Bobbie, muito animada por se ver tratada por «companheira». – Eu só queria perguntar-lhe se teria a amabilidade de consertar isto – levantou o embrulho de papel pardo de entre o carvão e desatou o cordel com uns dedos quentes e vermelhos que tremiam.

Os pés e as pernas dela sentiam o calor da caldeira da locomotiva, mas os ombros sentiam o gélido sopro do vento. A locomotiva abanava e chocalhava, e ao passarem disparados por baixo de uma ponte a locomotiva parecia estar a gritar-lhe aos ouvidos.

O fogueiro deitou umas pazadas de carvão.

Bobbie desenrolou o papel pardo e revelou a locomotiva de brincar.

– Pensei... – disse ela melancolicamente – ...que talvez me pudesse consertar isto... visto que é maquinista, sabe.

O maquinista pediu que macacos o mordessem.

– Macacos me mordam – repetiu o fogueiro.

Mas o maquinista pegou na pequena locomotiva e observou-a, e o fogueiro parou por um instante de dar à pá e também a observou.

– Só um grande descaramento – disse o maquinista – te pode ter feito pensar que nos disporíamos a reparar brinquedos.

– Eu não tive um grande descaramento – respondeu Bobbie –, pensei só que toda a gente que tem alguma coisa a ver com os caminhos de ferro é tão amável e tão boa, que achei que não se importassem. E não se importam, pois não? – acrescentou ela, pois tinha-os visto trocarem uma piscadela de olho não totalmente antipática.

– O meu ofício é conduzir locomotivas, não consertá-las, especialmente locomotivas do tamanho desta aqui – disse Bill.

— E como é que vamos fazer para te devolver aos teus desgostosos amigos e familiares, e que tudo isto seja perdoado e esquecido?

— Se me deixarem descer na próxima paragem — retorquiu Bobbie firmemente, embora o coração lhe batesse feroz contra o braço enquanto retorcia as mãos —, e me emprestarem dinheiro para um bilhete de terceira classe, eu devolvo-lho, prometo. Não sou uma vigarista como as que vêm nos jornais, não sou, juro.

— És mesmo uma senhora em ponto pequeno, da cabeça aos pés — concluiu Bill, amolecendo súbita e completamente. — Vamos pôr-te em casa sã e salva. E sobre esta locomotiva... Jim, não terás um amigo que saiba usar um ferro de soldar? Dá-me ideia de que é só o que esta malandreca precisa que se lhe faça.

— Isso foi o que o pai disse — explicou Bobbie com entusiasmo. — Para que serve isso?

Apontou para um pequeno disco de latão que ele tinha rodado enquanto falava.

— Isso é o injetor.

— In... quê?

— O injetor para encher a caldeira.

— Ah — disse Bobbie, registando mentalmente o facto para contar aos outros. — Isso *é* muito interessante.

— Isto aqui é o travão automático — continuou Bill, lisonjeado pelo entusiasmo dela. — É só mexer esta alavancazinha aqui... faz-se com um dedo, com um dedo, e o comboio depressa para. É ao que os jornais chamam «poder da ciência».

Mostrou-lhe dois pequenos mostradores, como os de um relógio, e disse-lhe que um deles indicava quanto vapor estava a passar e o outro se o travão estava a funcionar devidamente.

Quando o viu cortar o vapor com uma grande manivela de aço muito brilhante, Bobbie já sabia mais sobre o funcionamento interno de uma locomotiva do que alguma vez julgara haver para saber, e Jim tinha-lhe prometido que o irmão da mulher de um seu primo em segundo grau soldaria a locomotiva de brincar, ou Jim pedir-lhe-ia satisfações. Além de todo o conhecimento que tinha adquirido, Bobbie sentia que ela, Bill e Jim eram agora amigos para toda a vida, que eles a tinham perdoado por ter entrado sem convite no vagão-reboque e caído no meio do carvão sagrado.

No entroncamento de Stacklepoole separou-se deles com calorosas manifestações de consideração mútua. Entregaram-na aos cuidados do revisor de um comboio de regresso – um amigo deles – e ela teve a satisfação de ficar a saber o que os revisores fazem nos seus refúgios secretos e ter percebido como, quando uma pessoa puxa a corda de comunicação nas carruagens, gira uma roda e uma campainha ressoa aos ouvidos do revisor. Perguntou-lhe porque cheirava tanto a peixe na sua carruagem e ficou a saber que transportavam grandes quantidades de peixe todos os dias e que a água nas concavidades do chão ondulado era a que escorria das caixas cheias de solha, bacalhau, linguado e salmão.

Bobbie chegou a casa a tempo do lanche e sentia a cabeça a rebentar com tudo o que lá tinha metido desde que se separara dos outros. Abençoado prego que lhe tinha rasgado o vestido!

– Onde estiveste? – perguntaram-lhe os outros.
– Na estação, claro – respondeu Roberta.

Mas não lhes disse uma palavra sobre as suas aventuras até ao dia marcado, quando ela, com grande mistério, os conduziu à estação à hora da passagem do 3:19h e os apresentou orgulhosamente aos seus amigos Bill e Jim. O irmão da mulher do primo em segundo grau de Jim não tinha sido indigno da sagrada confiança nele depositada. A locomotiva de brincar estava, literalmente, como nova.

– Adeus... oh, adeus – lançou Bobbie, uns segundos antes de a locomotiva gritar o *seu* adeus. – Serei sempre, sempre vossa amiga... e do irmão da mulher do primo em segundo grau do Jim, também!

E enquanto as três crianças subiam a colina rumo a casa, com Peter abraçado à locomotiva, Bobbie, agora outra vez bastante senhora de si, contou, com o coração jubilosamente aos saltos, a história de como tinha sido assaltante de locomotivas.

Capítulo V
Prisioneiros e cativos

Aconteceu num dia em que a mãe tinha ido a Maidbridge. Fora sozinha, mas as crianças tinham ficado de ir esperá--la à estação. E, gostando da estação como gostavam, nada mais natural do que lá estarem uma boa hora antes de haver qualquer hipótese de que chegasse o comboio da mãe, mesmo que o comboio fosse pontual, o que era muito improvável. Sem dúvida que lá teriam estado bem cedo se estivesse um lindo dia, com todas as delícias de bosques e campos e rochas e rios ao seu dispor. Mas estava um dia muito chuvoso e, para julho, muito frio. Soprava um forte vento que empurrava grupos de nuvens escuras no céu, «como manadas de elefantes-de--sonhos», como disse Phyllis. E a chuva picava fortemente, de modo que a caminhada para a estação foi concluída em passo de corrida. Depois a chuva foi caindo mais depressa e mais intensamente, batia de lado nas janelas da bilheteira e do lugar gelado que tinha escrito na porta «Sala de Espera».

– É como estar num castelo sitiado – observou Phyllis –, olhem as setas do inimigo a embaterem nas muralhas!

– Parece mais um grande aspersor de jardim – disse Peter. Decidiram esperar no lado ascendente, pois a plataforma descendente parecia realmente muito molhada e a chuva estava a entrar diretamente no pequeno abrigo desolado, em que os passageiros esperam pelos seus comboios.

A hora ia ser cheia de incidentes e de interesse, pois haveria dois comboios ascendentes e um descendente para observar antes daquele que traria a mãe.

– Talvez já tenha parado de chover por essa altura –, disse Bobbie. – De qualquer maneira, ainda bem que trouxe o impermeável e o guarda-chuva da mãe.

Meteram-se no lugar deserto com o rótulo «Sala de Espera» e o tempo passou-se agradavelmente num jogo de anúncios. Conhecem o jogo, não? É uma coisa parecida com um jogo da mímica palerma. Os jogadores saem à vez e depois voltam e parecem-se o mais que podem a um anúncio qualquer, e os outros têm de adivinhar de que anúncio se trata. Bobbie entrou, sentou-se debaixo da sombrinha da mãe e fez uma cara afilada, e toda a gente percebeu que ela estava a representar a raposa que se senta debaixo do guarda-chuva no anúncio da conhecida marca de guarda-chuvas. Phyllis tentou fazer um tapete mágico do impermeável da mãe, mas não se mantinha no ar rígido como um tapete mágico e ninguém conseguiu adivinhar. Toda a gente pensou que Peter estava a levar as coisas um bocadinho longe demais quando pintou a cara toda de preto com pó do carvão e se pôs em atitude de aranha, disse que era o borrão que anuncia a tinta não sei de quem.

Era de novo a vez de Phyllis e ela estava a tentar parecer-se à esfinge que anuncia os cruzeiros no Nilo, quando soou o «tlim» agudo do sinal que anuncia o comboio ascendente. As crianças correram lá para fora a fim de o ver passar. Na locomotiva seguiam o maquinista e o fogueiro, que se contavam agora entre os mais queridos amigos das crianças. Trocaram cumprimentos entre si. Jim perguntou pela locomotiva de brincar e Bobbie fê-lo aceitar um embrulho húmido e gorduroso de caramelo feito por ela.

Encantado com esta amabilidade, o maquinista consentiu em ponderar o pedido dela de que um dia levasse Peter a dar um passeio na locomotiva.

– Cheguem-se para trás, companheiros – gritou o maquinista subitamente –, cá vai ela.

E, efetivamente, lá arrancou o comboio. As crianças seguiram as luzes da cauda do comboio até desaparecerem na curva da linha, depois voltaram para a liberdade poeirenta da sala de espera e as alegrias do jogo dos anúncios.

Esperavam ver apenas uma ou duas pessoas, o fim da procissão de passageiros que tinham entregado os seus bilhetes e partido. Em vez disso, havia na plataforma, à volta da porta da estação, uma mancha negra, e a mancha negra era uma multidão de pessoas.

– Oh! – exclamou Peter, com um arrepio de jubilosa excitação. – Aconteceu alguma coisa! Vamos ver!

Correram pela plataforma abaixo. Quando chegaram à multidão não conseguiram ver nada, claro, a não ser as costas e os cotovelos molhados das pessoas que se aglomeravam. Toda a gente falava ao mesmo tempo. Era evidente que alguma coisa acontecera.

— Estou em crer que é só uma coisa natural — disse um homem com aspeto de agricultor. Enquanto ele falava, Peter viu-lhe a cara encarniçada e bem barbeada.

— Se querem saber a minha opinião, eu diria que é um caso de tribunal — disse um rapaz novo com uma pasta preta.

— Não é isso; é mais provável que a enfermaria...

Ouviu-se nesse momento a voz do chefe de estação, firme e oficial:

— Vá, então... vamos embora. Eu trato disto, se *me* dão licença.

Mas a multidão não se mexeu. E ouviu-se depois uma voz que entusiasmou totalmente as crianças, pois falava numa língua estrangeira. Mais ainda, era uma língua que nunca tinham ouvido. Já tinham ouvido falar francês e alemão. A tia Emma sabia alemão e costumava cantar uma canção sobre *bedeuten* e *zeiten* e *bin* e *sin*. Também não era latim. Peter já tinha tido latim na escola.

Servia de algum conforto, de qualquer maneira, descobrir que ninguém naquela multidão compreendia melhor a língua estrangeira do que as crianças.

— Que está ele a dizer? — perguntou o agricultor, pesadamente.

— A mim parece-me francês — disse o chefe de estação, que tinha passado um dia em Boulogne.

— Não é francês! — exclamou Peter.

— Que é, então? — perguntou mais do que uma voz. A multidão clareou um bocadinho para ver quem tinha falado e Peter abriu caminho, de modo que quando a multidão se fechou outra vez ele estava na primeira fila.

— Não sei o que é — respondeu Peter —, mas francês não é. Isso sei eu.

Depois viu o que estava no centro da multidão. Era um homem — o homem, Peter não duvidava, que tinha falado naquela língua estranha. Um homem de cabelo comprido e olhos de doido, com uma roupa surrada de um corte que Peter nunca tinha visto — um homem cujas mãos e lábios tremiam, e que voltou a falar quando olhou para Peter.

— Não, não é francês — reafirmou Peter.

— Experimenta o francês, já que sabes tanto disso — sugeriu o agricultor.

— *Parlé vu francé?* — começou Peter, ousadamente, e no momento seguinte a multidão recuou outra vez, pois o homem dos olhos de doido desencostara-se da parede, dera um salto em frente e agarrara as mãos de Peter e começara a despejar um jorro de palavras, cujo som, embora não pudesse perceber patavina, Peter conhecia.

— Aí está! — disse ele e voltou-se, com as mãos ainda presas nas mãos daquela figura estranha e miserável, para lançar um olhar de triunfo à multidão. — Ora aí está; *isto* é francês.

— Que diz ele?

— Não sei — Peter foi obrigado a admiti-lo.

– Vá lá – disse de novo o chefe de estação. – Toca a andar, se fazem favor. *Eu* trato deste caso.

Alguns dos viajantes mais tímidos ou menos inquisitivos afastaram-se devagar e com relutância.

Phyllis e Bobbie conseguiram chegar ao pé de Peter. Todos tinham tido *aulas* de francês na escola. Bem gostavam agora de tê-lo *aprendido*! Peter abanou a cabeça ao estrangeiro, mas também lhe apertou a mão mais calorosamente e olhou para ele o mais amavelmente que pôde.

Uma pessoa de entre a multidão, depois de alguma hesitação, disse repentinamente:

– *No comprendo*! – e depois, corando profundamente, retirou-se do ajuntamento e desapareceu.

– Leve-o para a sua sala – sussurrou Bobbie ao chefe de estação. – A mãe sabe falar francês. Está a chegar. Vem no próximo comboio de Maidbridge.

O chefe de estação pegou no braço do estrangeiro, subitamente, mas não sem simpatia. O homem afastou o braço com um repelão e recuou, encolhido, a tossir e a tremer, e tentando afastar o chefe de estação.

– Oh, não faça isso! – pediu Bobbie. – Não vê que ele está assustado? Pensa que o vai calar. Sei que pensa... olhe para os olhos dele!

– São como os olhos de uma raposa quando se vê numa armadilha – disse o agricultor.

– Oh, deixe-me experimentar! – continuou Bobbie. – Eu sei realmente uma ou duas palavras em francês, se me conseguir lembrar delas.

Às vezes, em momentos de grande necessidade, conseguimos fazer coisas maravilhosas – coisas que na vida normal dificilmente podíamos sequer pensar em fazer. Bobbie nunca tinha estado nem de longe nos primeiros lugares da sua turma de francês, mas devia ter aprendido alguma coisa sem o saber, pois agora, olhando para aqueles olhos desnorteados, aterrados, lembrou-se e, melhor ainda, disse algumas palavras em francês:

– *Vous attendre. Ma mère parlez français. Nous...* qual é a palavra para «amáveis»?

Ninguém sabia.

– Bong é «bom» – disse Phyllis.

– *Nous etre bong pour vous.*

Não sei se o homem compreendeu ou não as palavras dela, mas compreendeu o toque da mão que ela enfiou na sua e a amabilidade da outra mão, que lhe acariciava a manga coçada.

Phyllis puxou-o suavemente em direção à intimidade do gabinete do chefe de estação. As outras crianças foram atrás e o chefe de estação fechou a porta na cara da multidão, que ficou na sala da bilheteira a falar e a olhar para a porta amarela que se fechara tão depressa; depois, sós ou dois a dois, foram à sua vida, a resmungar.

Dentro da sala do chefe de estação, Bobbie ainda segurava a mão do estrangeiro e acariciava-lhe a manga.

– Eis o caso – começou o chefe de estação –, não tem bilhete, não sabe sequer para onde quer ir. Não tenho a certeza, mas se calhar eu devia mandar chamar a polícia.

— Oh, *não* faça isso! — imploraram em uníssono as crianças. E, de repente, Bobbie colocou-se entre os outros e o estrangeiro, pois tinha visto que ele estava a chorar.

Por um acaso da sorte muito pouco habitual, ela tinha um lenço no bolso. Por um acaso ainda muito menos habitual o lenço estava moderadamente limpo. Mantendo-se em frente do estrangeiro, puxou do lenço e passou-lho de maneira que os outros não vissem.

— Espere até a minha mãe vir — pedia Phyllis. — Ela fala francês lindamente. Acho que o senhor adoraria ouvi-la.

— Tenho a certeza de que ele não fez nenhuma coisa daquelas que dão prisão — disse Peter.

— A mim, parece-me sem visíveis meios de vida — disse o chefe de estação. — Bem, não me custa nada dar-lhe o benefício da dúvida até a vossa mãe chegar. *Gostava* de saber que país responde por *ele*, isso gostava.

Peter teve então uma ideia. Tirou um envelope do bolso e mostrou que estava meio cheio de selos estrangeiros.

— Veja aqui — disse ele —, vamos mostrar-lhe estes...

Bobbie reparou que o estrangeiro tinha secado os olhos com o lenço dela. Nesse momento, ele assentiu ao pedido de Peter.

Peter mostrou-lhe um selo italiano e apontou dele para o selo e outra vez ao contrário, e fez gestos de interrogação com as sobrancelhas. O estrangeiro abanou a cabeça. Depois mostraram-lhe um selo norueguês — do tipo azul vulgar — e ele voltou a indicar que não. Depois mostraram-lhe um espanhol e nessa altura ele tirou o envelope da mão de Peter e procurou entre os selos com a mão a tremer. A mão que estendeu por fim, com o gesto de quem responde a uma pergunta, continha um selo *russo*.

— É russo — gritou Peter —, ou então é como «o homem que era»... no Kipling, estão a ver?

Soou o sinal de que o comboio de Maidbridge estava a chegar.

— Eu fico com ele até trazerem cá a mãe — disse Bobbie.

— Não tens medo, menina?

— Oh, não — respondeu Bobbie, olhando o estrangeiro, como poderia ter olhado para um cão desconhecido de humor duvidoso. — Não me faria mal, pois não?

Sorriu-lhe, e ele devolveu-lho com um sorriso estranho, torcido. Depois voltou a tossir. E o silvo do pesado chocalhar do comboio que estava a chegar varreu a estação. O chefe de estação, Peter e Phyllis foram ao seu encontro. Bobbie ainda segurava a mão do estrangeiro quando eles voltaram com a mãe.

O russo levantou-se e curvou-se muito cerimoniosamente.

Depois a mãe falou em francês e ele respondeu, hesitantemente, a princípio, mas depois em frases mais e mais compridas.

As crianças, observando o rosto dele e o da mãe, perceberam que ele lhe estava a contar coisas que a faziam encolerizar-se e apiedar-se e ter pena e indignação ao mesmo tempo.

— Bom, minha senhora, de que é que se trata? — o chefe de estação já não conseguia refrear a sua curiosidade.

– Oh – disse a mãe –, está tudo bem. É russo e perdeu o bilhete. E temo que esteja muito doente. Se não se importa vou levá-lo imediatamente para minha casa. Ele está realmente bastante estafado. Amanhã dou cá um salto e conto-lhe tudo.

– Espero que não descubra que está a levar para casa uma víbora congelada – atirou o chefe de estação.

– Oh, não – respondeu a mãe alegremente e sorrindo. – Tenho a certeza que não. Ele até é um grande homem no seu país, escreve livros, livros lindos, eu já li alguns deles; mas amanhã conto-lhe tudo.

Voltou a falar em francês com o russo e toda a gente pôde ver a surpresa, o prazer e a gratidão nos olhos dele.

O homem levantou-se, inclinou a cabeça num cumprimento cortês ao chefe de estação e ofereceu o braço cerimoniosamente à mãe. Ela aceitou-o, mas qualquer pessoa podia ver que era ela que o ajudava a andar e não ele a ela.

– Meninas, vão a correr para casa e acendam a lareira da sala de estar – ordenou a mãe. – E Peter, é melhor ires chamar o médico.

Mas foi Bobbie quem foi chamar o médico.

– Lamento informá-lo – declarou ela quando o encontrou de manga cava, a limpar ervas daninhas do canteiro de amores-perfeitos –, mas a mãe resolveu acolher um russo muito miserável e estou certa de que vai ter de pertencer ao seu clube. Tenho a certeza de que não tem dinheiro. Encontrámo-lo na estação.

— Encontraram-no? Então, estava perdido? – quis saber o médico, deitando a mão ao seu casaco.

— Isso mesmo – respondeu Bobbie –, estava. Tem estado a contar à mãe, em francês, a triste e melancólica história da sua vida, e a mãe pediu que o senhor doutor lá vá a casa, por favor, pode vir já comigo? Ele tem uma tosse terrível e esteve a chorar.

O médico sorriu.

— Oh, não se ria – pediu Bobbie –, não se ria, por favor. Não riria se o tivesse visto. Eu nunca tinha visto um homem chorar. Não sabe o que é.

O Dr. Forrest desejou nessa altura não ter sorrido.

Quando Bobbie e o médico chegaram às Três Chaminés, o russo estava sentado na cadeira de braços que tinha sido do pai, de pés estendidos para a chama de um brilhante fogo de lenha e a beberricar o chá que a mãe lhe tinha feito.

— O homem parece-me exausto de corpo e alma – foi o que disse o médico. – A tosse é má, mas nada que não possa ser curado. Devia ir já para a cama, no entanto... e deixe-o ter a lareira acesa de noite.

— Vou fazer isso no meu quarto; é o único que tem lareira – respondeu a mãe. Assim fez e o próprio médico ajudou o estrangeiro a meter-se na cama.

Havia no quarto da mãe uma grande arca preta que nenhuma das crianças alguma vez vira destrancada. Agora, depois de ela ter acendido a lareira, abriu-a, tirou de lá algumas roupas – roupas de homem – e pô-las a arejar ao pé do lume acabado de acender. Bobbie, ao entrar com mais alguma lenha para a lareira, viu a marca na camisa de noite e deitou uma olhadela à arca aberta. Tudo o que conseguiu ver foi roupa de homem. E o nome marcado na camisa de noite era o nome do pai. O pai, portanto, não tinha levado consigo a sua roupa. E aquela camisa de noite era uma das novas do pai. Bobbie lembrava-se de ter sido mandada fazer, mesmo na véspera dos anos de Peter. Porque não teria o pai levado a roupa dele? Bobbie esgueirou-se do quarto. Ao sair ouviu a chave a dar a volta na fechadura da arca. O coração batia-lhe desalmadamente. *Porque* não tinha o pai levado a roupa? Quando a mãe saiu do quarto, Bobbie atirou-lhe os braços à volta da cintura, apertando-a muito, e murmurou:

– Mãe... o pai não está... não está *morto*, não?

– Não, minha querida! O que te fez pensar uma coisa tão horrível?

– Não... não sei – disse Bobbie, zangada consigo mesma, mas apegada ainda àquela sua resolução de não ver nada que a mãe não queria que visse.

A mãe deu-lhe um abraço apressado.

– O pai estava muito, *muito* bem quando tive as últimas notícias dele – disse a mãe – e voltará para junto de nós um dia destes. Não imagines essas coisas horríveis, meu amor!

Mais tarde, quando o estrangeiro já estava confortavelmente instalado, a mãe entrou no quarto das raparigas. Ia dormir ali, na cama de Phyllis, que por sua vez ia dormir num colchão no chão, uma aventura que muito a divertia. Assim que a mãe

entrou, duas figuras brancas levantaram-se e duas vozes ansiosas chamaram:
— Vá, mãe, conta-nos tudo sobre o senhor russo.
Uma figura branca saltou para dentro do quarto. Era Peter, arrastando a manta atrás de si como a cauda de um pavão branco.
— Temos sido pacientes — começou ele —, tive de morder a língua para não adormecer, e como estava mesmo quase a adormecer, mordi com demasiada força e dói-me como tudo. *Conta-nos* tudo. Faz com que seja uma bela história bem longa.
— Nem pensar numa história comprida esta noite — disse a mãe. — Estou muito cansada.
Bobbie percebeu que a mãe tinha estado a chorar, mas os outros não se aperceberam.
— Então, o mais longa que conseguires — pediu Phil, e Bobbie pôs os braços à volta da cintura da mãe e aninhou-se nela.
— Bom, é uma história tão comprida que dava um livro inteiro. Ele é escritor, escreveu vários livros maravilhosos. Na Rússia, no tempo do Czar, ninguém se atrevia a dizer nada sobre as coisas mal feitas que faziam as pessoas ricas ou sobre as coisas que deviam ser feitas para tornar a vida das pessoas pobres melhor e mais feliz. Se uma pessoa fizesse isso, era mandada para a prisão.
— Mas *não podem* — disse Peter. — As pessoas só vão presas quando fazem algum mal.
— Ou quando os juízes *pensam* que fizeram algum mal — acrescentou a mãe. — Pois, isso é assim em Inglaterra. Mas

na Rússia era diferente. E ele escreveu um belo livro sobre as pessoas pobres e como ajudá-las. Eu li-o. Não há nada nele senão bondade e generosidade. E mandaram prendê-lo por causa disso. Esteve três anos num calabouço horrível, quase sem luz, cheio de humidade, terrível. Na prisão, absolutamente sozinho, durante três anos.

A voz da mãe tremeu um bocadinho e parou repentinamente.

– Mas, mãe – disse Peter –, isso não pode ser verdade *agora*. Parece uma coisa saída de um livro de História... sobre a Inquisição ou coisa assim.

– *Foi* o que aconteceu – respondeu a mãe. – É a terrível verdade. Depois tiraram-no de lá e mandaram-no para a Sibéria, um condenado acorrentado a outros condenados, homens malvados que tinham cometido toda a espécie de crimes, uma longa fileira deles, e andaram, andaram, andaram, durante dias e semanas, até pensarem que nunca parariam de andar. Atrás deles seguiam guardas com chicotes, sim, chicotes, para lhes bater se ficassem cansados. Alguns deles ficavam coxos e outros caíam, e também lhes batiam quando não conseguiam levantar-se e continuar, e depois deixavam-nos entregues à sua sorte. Oh, é tudo demasiado terrível! Por fim chegou às minas e estava condenado a ficar lá toda a vida, toda a vida, apenas por escrever um livro bom, nobre, esplêndido.

– Como é que escapou?

– Quando veio a guerra, alguns dos presos russos foram autorizados a oferecer-se como voluntários. E ele ofereceu-se. Mas desertou na primeira oportunidade e...

– Mas isso é uma grande cobardia, não é? – perguntou Peter. – Desertar? Especialmente quando se está em guerra.

– Achas que ele devia alguma coisa a um país que lhe tinha feito *aquilo*? Se devia, mais devia à mulher e aos filhos. Não sabia que era feito deles.

– Oh – suspirou Bobbie –, durante o tempo todo que esteve na cadeia, *também* sofreu por *eles*?

– Sim, tinha de pensar neles e sofreu por causa disso o tempo todo que esteve na cadeia. Tanto quanto sabia podiam ter sido mandados também para a prisão. Fazem essas coisas na Rússia. Mas enquanto estava nas minas alguns amigos conseguiram fazer-lhe chegar a mensagem de que a mulher e os filhos tinham fugido e vindo para Inglaterra. De modo que quando desertou veio para cá à procura deles.

– Tinha a morada deles? – perguntou Peter, sempre prático.

– Não, só tinha a indicação de que estariam em Inglaterra. Estava a ir para Londres e pensou que tinha de mudar de comboio na nossa estação, foi nessa altura que descobriu que tinha perdido o bilhete e a carteira.

– Oh, *achas* que os vai encontrar? Quero dizer, à mulher e aos filhos, não ao bilhete e às coisas.

– Espero que sim. Oh, tenho esperança e rezo para que ele encontre a mulher e os filhos.

Até Phyllis se apercebeu nesse momento que a voz da mãe vacilava.

– Mas, mãe – disse ela –, pareces estar com muita pena dele!

A mãe não respondeu por uns instantes. Depois limitou-se a dizer «sim» e a seguir pareceu estar a pensar. As crianças ficaram em silêncio.

Finalmente disse:

– Queridos filhos, quando rezarem as vossas orações, acho que podiam pedir a Deus que mostre a sua compaixão por todos os prisioneiros e cativos.

– Que mostre a Sua compaixão – repetiu lentamente Bobbie –, por todos os prisioneiros e cativos. Assim, mãe?

– Sim – disse a mãe –, por todos os prisioneiros e cativos. Todos os prisioneiros e cativos.

Capítulo VI
Os salvadores do comboio

O senhor russo estava melhor no dia seguinte, melhor ainda no dia a seguir a esse e ao terceiro dia estava suficientemente bem para ir até ao jardim. Foi-lhe lá posta uma cadeira de vime e ali se sentou, vestido com a roupa do pai, que lhe ficava grande de mais. Mas depois de a mãe lhe ter subido as mangas e a bainha das calças a roupa assentou-lhe melhor. O rosto dele, agora que já não estava cansado e assustado, era amável e sorria às crianças sempre que as via. Elas bem gostavam que ele soubesse falar inglês. A mãe escreveu cartas a várias pessoas que pensou que pudessem saber do paradeiro, em Inglaterra, da mulher e dos filhos de um senhor russo; não a pessoas que conhecesse antes de ir viver para as Três Chaminés – nunca escrevia a essas –, mas pessoas que não conhecia – deputados, diretores de jornais e secretários de associações.

E não se dedicou muito à escrita dos seus contos, limitou-se a corrigir provas, sentada ao sol, ao pé do russo e uma vez por outra conversava com ele.

As crianças queriam muito mostrar o carinho que sentiam por este homem que tinha sido preso e mandado para a Sibéria apenas por ter escrito um belo livro sobre pessoas pobres. Podiam sorrir-lhe, claro; podiam e faziam-no. Mas quando uma pessoa sorri constantemente, o sorriso tem propensão a tornar-se fixo como um sorriso de hiena. E nessa altura deixa de parecer amistoso e parece simplesmente pateta. De modo que tentaram outras coisas, foram-lhe trazendo flores até que o sítio onde ele estava sentado ficou cercado de pequenos ramos de dentes-de-leão e de rosas e campânulas.

Foi então que Phyllis teve uma ideia. Fez sinal aos outros com ares muito misteriosos e levou-os até ao pátio traseiro, e ali, num lugar recôndito, entre a bomba e o depósito de água, disse:

– Lembram-se de o Perks me ter prometido os primeiros morangos da sua horta?

Perks, como recordarão, era o carregador.

– Pois bem, calculo que devem estar já maduros. Vamos lá abaixo ver.

A mãe tinha descido à estação, como prometera, para contar ao chefe de estação a história do prisioneiro russo. Mas nem os encantos do caminho de ferro tinham conseguido arrancar as crianças da companhia do interessante estrangeiro. Não iam à estação há três dias.

E lá foram.

Para sua surpresa e consternação, Perks recebeu-os muito friamente.

– Altamente honrado, sim senhor – comentou ele quando espreitaram à porta da sala do carregador. E continuou a ler o jornal.

Houve um silêncio desconfortável.

– Oh, meu Deus – disse Bobbie, com um suspiro –, estou a ver que está *zangado*.

– O quê, eu? Nem por sombras! – exclamou Perks. – *Não* me importa nada.

– O que é que *não* lhe importa nada? – quis saber Peter, ansioso e alarmado de mais para mudar a forma das palavras.

– Nada. Tanto me faz – respondeu Perks. – Se querem guardar os vossos segredos, guardem-nos e que vos faça bom proveito. É o que vos digo.

A câmara secreta de cada coração foi tomada rapidamente durante a pausa que se seguiu. Três cabeças abanaram em uníssono.

– Nós não temos segredos para *si* – disse Bobbie, por fim.

– Talvez tenham e talvez não tenham – continuou Perks. – Tanto me faz. E desejo a todos que tenham muito boa tarde – levantou o jornal entre si e eles e continuou a ler.

– Oh, *não* seja assim – pediu Phyllis, em desespero. – Isso é mesmo terrível! Seja o que for, diga-nos!

– Seja o que for que tenhamos feito, não foi por mal.

Não houve resposta. O jornal foi dobrado outra vez e Perks começou a ler outra coluna.

– Olhe cá – disse Peter, de súbito –, não é justo. Até pessoas que cometem crimes não são punidas sem lhes ser dito porquê, como era em tempos na Rússia.

— Eu sei lá alguma coisa da Rússia.
— Ai sabe, sabe, quando a mãe veio cá de propósito para vos contar tudo sobre o *nosso* russo, a si e ao Sr. Gills.
— Conseguem imaginar? — disse Perks indignadamente. — Estão a vê-lo a chamar-me para ir ao gabinete dele, puxar uma cadeira e ouvir o que a senhora vossa mãe tem para dizer?
— Quer dizer que não ouviu nada?
— Nem um suspiro. Cheguei mesmo a fazer-lhe a pergunta. E ele mandou-me fechar a matraca. «Assuntos de Estado, Perks», disse. Mas eu pensei que um de vocês dava um saltinho cá abaixo para me contar, foram muito despachados quando quiseram sacar alguma coisa aqui ao velho Perks — Phylis fez-se encarnada que nem um tomate ao pensar nos morangos. — Informações sobre locomotivas ou sinais ou coisas dessas — disse Perks.
— Não sabíamos que não sabia.
— Julgámos que a mãe lhe tinha contado.
— *Queríamoscontar-lhemaspensámosquejánãoeranovidade.*
Falaram os três ao mesmo tempo.
Perks explicou que tudo aquilo era muito simpático e continuou atrás do jornal. Foi então que Phyllis lho arrebatou da mão e lhe atirou os braços ao pescoço.
— Oh, vamos dar um beijinho e ser amigos — disse ela. — Nós pedimos desculpa primeiro, se quiser, mas realmente não sabíamos que não sabia.
— Pedimos muita desculpa — disseram os outros.
E Perks acedeu por fim a aceitar as desculpas deles.

Convenceram-no então a sair e sentar-se ao sol no espaço verde, onde a relva estava tão quente que não se podia tocar-lhe e, ali, falando às vezes um de cada vez, e às vezes todos ao mesmo tempo, contaram ao carregador a história do prisioneiro russo.

– Bem, tenho de confessar – disse Perks; mas não confessou nada, fosse lá o que fosse.

– Sim, é bastante horrível, não é? – comentou Peter.

– E não me admira que tivesse curiosidade por saber quem era o russo.

– Não tinha curiosidade, era mais estar interessado – explicou o carregador.

– Bom, penso que o Sr. Gills lhe podia ter contado isto. Foi horroroso da parte dele.

– Não lhe levo a mal por isso, menina – disse o carregador.

– Sabem porquê? Vejo as suas razões. Não ia querer revelar uma história como esta. Não é da natureza humana. Um homem tem de defender o seu próprio lado, faça o que fizer. É aquilo a que se chama política partidária. Eu próprio tinha feito a mesma coisa se esse tipo do cabelo comprido fosse por acaso um japanoca.

– Mas os japoneses não fizeram coisas cruéis e malvadas como essas – disse Bobbie.

– Talvez não – respondeu Perks, cautelosamente –, mas nunca se pode ter a certeza com estrangeiros. A minha crença pessoal é que são todos farinha do mesmo saco.

– Então porque é que estava do lado dos japoneses? – perguntou Peter.

— Bom, bem veem, tem de se tomar partido por um lado ou por outro. É o mesmo com os liberais e os conservadores. A grande coisa é escolher o nosso lado e depois manter-se fiel, aconteça o que acontecer.

Soou um sinal.

— Aí está o ascendente das 3:14h — disse Perks. — Estejam sossegados até ele passar, depois vamos até ao meu lugar e vemos se estão maduros alguns daqueles morangos de que vos falei.

— Se houver alguns maduros e *efetivamente* mos der — disse Phyllis —, não se importa que eu os dê ao pobre russo, pois não?

Perks semicerrou os olhos, depois levantou as sobrancelhas.

— Então foi por causa dos morangos que vieram cá abaixo esta tarde, hã? — perguntou.

Foi um momento constrangedor para Phyllis. Dizer que sim pareceria má educação, ganância e indelicadeza para com Perks. Mas ela sabia que se dissesse que não, não ficaria satisfeita consigo mesma. De modo que...

— Sim — assumiu ela —, foi.

— Parabéns! — exclamou o carregador. — Falar verdade e...

— Mas teríamos vindo logo no dia seguinte se soubéssemos que não tinha ouvido a história — acrescentou apressadamente Phyllis.

— Acredito em ti, menina — disse Perks, e atravessou a linha de um salto, dois metros à frente do comboio que chegava.

As raparigas detestaram vê-lo fazer isto, mas Peter adorou. Foi emocionante.

O senhor russo gostou tanto dos morangos que os três deram voltas à cabeça para inventar outra surpresa. Mas por mais voltas que dessem não lhes surgiu uma ideia mais original que a de umas cerejas. E esta ocorreu-lhes na manhã seguinte. Tinham visto florir as árvores na primavera e sabiam onde procurar cerejas, agora que chegara o tempo delas. As árvores cresciam no topo e ao longo da face rochosa da escarpa, onde se abria a boca do túnel. Havia ali toda a espécie de árvores, bétulas, faias, castanheiros e avelaneiras, e entre elas as flores de cerejeira brilhavam como a neve e a prata.

A boca do túnel estava a alguma distância das Três Chaminés, de modo que a mãe deixou-os levar o almoço numa cesta. E a cesta serviria para trazer as cerejas no regresso, se as encontrassem. Tinha-lhes também emprestado o relógio de prata dela para não chegarem atrasados ao lanche. Ao relógio de Peter tinha-se-lhe metido na cabeça não andar desde que o rapaz o tinha deixado cair no depósito de água. E lá partiram. Quando chegaram ao cimo da escarpa, debruçaram-se sobre a vedação e olharam lá para baixo, para onde corriam as linhas do caminho de ferro, ao fundo do que, como dizia Phyllis, era exatamente como o desfiladeiro de uma montanha.

– Se não fosse o caminho de ferro lá ao fundo, era como se a mão do homem nunca tivesse ali estado, não era? – observou uma das crianças.

Os lados da escavação eram de pedra cinzenta, muito grosseiramente talhada. A parte de cima da escarpa tinha sido, mesmo, um pequeno vale natural que fora escavado mais fundo para o baixar ao nível da boca do túnel. Entre as rochas cresciam ervas e flores, e as sementes deixadas cair pelos pássaros nas concavidades da pedra tinham deitado raízes e tinham-se transformado em arbustos e árvores, que pendiam sobre a escavação. Perto do túnel havia um lance de degraus que desciam até à linha – tão só umas traves de madeira fixadas grosseiramente à terra –, um caminho íngreme e estreito, mais parecido com um escadote do que com uma escadaria.

– É melhor descermos – disse Peter. – Tenho a certeza de que será fácil chegar às cerejas a partir do lado dos degraus. Foi ali que apanhámos as flores de cerejeira que pusemos na sepultura do coelho, lembram-se?

De modo que caminharam ao longo da vedação, em direção à pequena porta de vaivém que está no fim desses degraus. E estavam quase nessa porta quando Bobbie disse:

– Chiu. Parem! O que é aquilo?

«Aquilo» era um barulho muito estranho, na verdade. Um ruído leve, mas que se ouvia claramente através do som do vento nos ramos das árvores e do zumbido e do sussurro dos fios do telégrafo. Era uma espécie de som roçagante e murmurante. Quando se puseram à escuta, parou e depois começou outra vez.

E desta vez não parou, mas soou mais alto e mais roçagante e roncante.

– Olhem! – exclamou Peter, de súbito. – Aquela árvore ali!

A árvore para a qual apontou era uma daquelas que tinham umas ásperas folhas cinzentas e flores brancas. As bagas, quando aparecem, são de um escarlate vivo, mas, quando colhidas, são uma desilusão, tornam-se pretas antes de uma pessoa chegar a casa com elas. E, no momento em que Peter apontava, a árvore estava a mexer-se – não apenas da maneira que as árvores se mexem quando o vento as atravessa, mas inteira, como se fosse uma criatura viva e estivesse a caminhar pela encosta abaixo.

– Está a andar! – exclamou Phyllis, sustendo a respiração.

– Está a andar! – gritou Bobbie. – Vejam! As outras também. É como a floresta do Macbeth.

– É magia – disse Phyllis, atónita. – Eu sempre soube que o caminho de ferro estava encantado.

Parecia realmente magia. Pois todas as árvores em mais de um quilómetro da margem oposta pareciam estar a descer lentamente em direção à linha do caminho de ferro, com a árvore das folhas cinzentas à retaguarda como um velho pastor a conduzir um rebanho de ovelhas.

– O que será? Oh, que será aquilo? – perguntou Phyllis. – É magia de mais para mim. Não gosto nada disto. Vamos para casa.

Mas Bobbie e Peter agarraram-se com força à vedação, e ficaram a ver com a respiração suspensa. E a própria Phyllis não fez qualquer movimento no sentido de ir para casa sozinha.

As árvores andaram e andaram. Algumas pedras e terra solta caíram e embateram nos carris de metal do caminho de ferro lá muito em baixo.

«Está *tudo* a ir abaixo», tentou dizer Peter, mas descobriu que não tinha praticamente voz para o dizer. E, de facto, nesse preciso momento, a grande rocha, em cima da qual estavam as árvores andantes, inclinou-se lentamente para a frente. As árvores, deixando de andar, mantiveram-se imóveis e estremeceram. Inclinando-se com a rocha, pareceram hesitar um instante e depois rocha e árvores e ervas e arbustos, com um som de avalanche, soltaram-se da face da escarpa e caíram sobre a linha com um estrondo desastrado que se ouviria a centenas de metros de distância. Levantou-se uma nuvem de pó.

– Oh – disse Peter, em tom de assombro –, não é exatamente como quando chega o carvão? Se não houvesse teto na cave e se pudesse ver lá para baixo...

– Olhem o grande monte que se fez! – exclamou Bobbie.

– Sim – concordou Peter, vagarosamente. Ainda estava sentado na vedação. –Sim – disse ele outra vez, ainda mais vagarosamente.

Depois levantou-se.

– O comboio das 11:29h ainda não passou. Temos de avisar a estação ou vai haver o mais terrível dos acidentes.

– Vamos depressa – instou Bobbie, e começou a correr.

Mas Peter gritou-lhe:

– Volta para trás! – e olhou para o relógio da mãe. Era muito pontual e prático, e o seu rosto parecia mais branco do que nunca.

– Não há tempo – disse ele. – Fica a mais de três quilómetros daqui e já passa das onze.

— Não poderíamos nós trepar a um poste de telégrafo e fazer qualquer coisa aos fios? — sugeriu Phyllis, sustendo a respiração.

— Não sabemos como — disse Peter.

— Eles fazem isso na guerra — continuou Phyllis. — Já ouvi falar nisso.

— Só os *cortam*, pateta — disse Peter —, e isso não serve para nada. E mesmo que lá subíssemos não conseguíamos cortá-los. Se tivéssemos alguma coisa encarnada podíamos descer à linha e acenar com ela.

— Mas o comboio não nos veria até ter dado a curva e, nessa altura, veria o monte tão bem como nós — concluiu Phyllis.

— Melhor, porque é muito maior do que nós.

— Se ao menos tivéssemos alguma coisa encarnada — repetiu Peter —, podíamos dar a curva e acenar ao comboio.

— Podemos acenar, de qualquer maneira.

— Iam pensar que éramos só *nós*, como de costume. Já acenámos tantas vezes. De qualquer maneira, vamos para baixo.

Desceram as íngremes escadas. Bobbie estava pálida e a tremer. O rosto de Peter parecia mais magro do que o habitual. Phyllis estava afogueada e suada com a ansiedade.

— Oh, estou mesmo cheia de calor! — disse ela. — E pensava eu que ia estar frio; quem me dera não ter posto... — estacou e depois acabou a frase num tom bastante diferente — os nossos saiotes de flanela.

Bobbie virou-se ao fundo das escadas.

— Ah, pois é! — exclamou. — São *encarnados*! Vamos despi-los.

Meu dito, meu feito. E com os saiotes enrolados debaixo dos braços, correram ao longo da linha de caminho de ferro, rodeando o monte, acabado de cair, de pedras, rocha, terra e árvores dobradas, esmagadas e torcidas. Correram ao seu melhor ritmo. Peter ia à frente, mas as raparigas não iam muito atrás. Chegaram à curva que escondia o montão da linha direita do ferro-carril que se estendia por trezentos metros sem curvas ou esquinas.

– Agora – indicou Peter, pegando no maior dos saiotes encarnados.

– Não vais... – Phyllis vacilou. – Não vais *rasgá-los*, pois não?

– Cala-te – ordenou Peter, com lacónica severidade.

– Ah, sim – disse Bobbie –, rasga-as aos bocadinhos se quiseres. Não vês, Phil, que se não conseguirmos parar o comboio, vai haver um verdadeiro acidente, com pessoas *mortas*. Oh, horripilante! Deixa-me fazer isso, Peter, pela cinta não vais conseguir nunca rasgá-lo!

Tirou-lhe da mão o saiote de flanela encarnada e rasgou-o abaixo da cinta. Depois rasgou o outro da mesma maneira.

– Pronto! – exclamou Peter, rasgando-os por sua vez. Dividiu cada saiote em três bocados. – Agora, temos seis bandeiras – olhou outra vez para o relógio. – E temos sete minutos. Temos de arranjar paus de bandeira.

Os canivetes que são dados aos rapazes raramente são, por qualquer estranha razão, do género de aço que se mantém afiado. As árvores pequenas tiveram de ser partidas. Duas delas saíram pelas raízes. Despiram-nas de folhas.

— Temos de abrir buracos nas bandeiras e passar os paus pelos buracos — disse Peter.

E os buracos foram abertos. A faca era suficientemente afiada para cortar a flanela. Duas das bandeiras foram instaladas em pilhas de pedras entre as travessas da linha descendente. Depois Phyllis e Roberta pegaram cada uma na sua bandeira e aprontaram-se para acenar com elas logo que o comboio estivesse à vista.

— Eu fico com as outras duas — disse Peter —, porque foi minha a ideia de acenar com uma coisa encarnada.

— Mas os saiotes são nossos — ia começar Phyllis, mas Bobbie interrompeu-a.

— Que interessa quem pega no quê se no fim se trata de conseguirmos salvar o comboio?

Talvez Peter não tivesse calculado corretamente o número de minutos que levaria o 11:29h da estação até ao sítio onde estavam, ou talvez o comboio viesse atrasado. O certo é que a espera lhes pareceu muito longa.

Phyllis começou a ficar impaciente.

— Acho que o relógio está enganado e o comboio já passou — disse ela.

Peter afrouxou a atitude heroica que tinha decidido adotar para exibir as suas duas bandeiras. E Bobbie começou a ficar doente com a ansiedade.

Parecia-lhe que estavam ali especados havia horas e horas, a segurar naquelas ridículas bandeirinhas encarnadas em que ninguém ia alguma vez reparar. Ao comboio tanto lhe faria.

Ia passar por eles num sopro, virar na curva a todo o gás e esmigalhar-se de encontro àquele pavoroso monte. E morreria toda a gente. As mãos dela estavam a ficar muito frias e tremia de tal maneira que mal conseguia segurar na bandeira. Foi então que se ouviu o distante ronco e zumbido dos metais e apareceu muito ao longe naquele troço da linha uma nuvem de fumo branco.

— Mantenham-se firmes — disse Peter — e acenem como doidas! Quando ele chegar àquele buxo de tojo deem um passo atrás, mas continuem a acenar! Não fiques *na* linha, Bobbie!

O comboio aproximou-se a chocalhar, muito, muito depressa.

— Não estão a ver-nos! Não vão ver-nos! Não serve de nada! — gritou Bobbie.

As duas bandeirinhas postas na linha balançavam à medida que o comboio se aproximava, fazendo abanar e afrouxar os montes de pedras que as mantinham de pé. Uma delas inclinou-se lentamente e caiu na linha. Bobbie deu um salto em frente, apanhou-a e acenou com ela; as mãos já não lhe tremiam.

Parecia que o comboio vinha mais depressa que nunca. Estava agora muito perto.

— Mantém-te fora da linha, minha grande pateta! — gritou Peter ferozmente.

— Não serve de nada — voltou a dizer Bobbie.

— Chega-te para trás! — gritou Peter, subitamente, e arrastou Phyllis para trás por um braço.

Mas Bobbie gritou:

— Ainda não, ainda não! — agitou as suas duas bandeiras mesmo por cima da linha. A frente da locomotiva era negra e enorme. A sua voz sonora e ríspida.

— Oh, para, para, para! — gritou Bobbie.

Ninguém a ouviu. Peter e Phyllis, pelo menos, não, pois o sopro do comboio que se aproximava cobria totalmente o som da voz dela. Mas depois pensou se não a teria ouvido a própria locomotiva. Quase parecia que assim tinha sido — pois rapidamente abrandou, abrandou e parou, a uma distância de pouco mais de três quilómetros do ponto onde as duas bandeiras de Bobbie acenavam sobre a linha. Viu a grande locomotiva negra estacar, mas por qualquer razão não conseguiu parar de agitar as bandeiras. E quando o maquinista e o fogueiro tinham já descido da locomotiva e Peter e Phyllis tinham ido ao encontro deles, e despejado o seu excitado relato do pavoroso monte que estava mesmo ao virar da esquina, Bobbie ainda agitava as bandeiras, embora cada vez mais débil e convulsivamente.

Quando os outros se voltaram para ela estava estendida sobre a linha com as mãos lançadas para a frente e ainda a apertar os paus das bandeirinhas de flanela encarnada.

O maquinista levantou-a, levou-a para o comboio e deitou-a nas almofadas de uma carruagem de primeira classe.

— Apagou-se mesmo, desmaiou — disse ele. — Pobre pequenina. E não é para admirar. Vou só dar uma olhadela ao vosso pavoroso monte, depois levamos-vos num instante à estação e arranjamos quem cuide dela.

Era horroroso ver Bobbie ali estendida, tão branca e silenciosa, de lábios azuis e afastados.

– Creio que é este o aspeto das pessoas quando estão mortas – murmurou Phyllis.

– *Não* digas isso – ordenou Peter, severamente.

Sentaram-se ao pé de Bobbie nas almofadas azuis e o comboio andou para trás. Antes de ter chegado à estação, já Bobbie tinha dado um suspiro e aberto os olhos, dera uma volta sobre si própria e começara a chorar. Isto deu algum ânimo a Peter e Phyllis. Já a tinham visto chorar, mas nunca a tinham visto desmaiar, nem ninguém, a bem dizer. Não tinham sabido o que fazer quando ela desmaiara, mas agora que estava só a chorar podiam bater-lhe nas costas e dizer-lhe que não chorasse, exatamente como faziam sempre. E, por fim, quando ela parou de chorar puderam rir-se dela por ser tão cobarde que tinha desmaiado.

Quando chegaram à estação, os três eram os heróis de uma agitada reunião na plataforma.

Os louvores que receberam pela sua «pronta ação», o seu «bom senso», a sua «engenhosidade» seriam suficientes para dar a volta à cabeça de qualquer pessoa. Phyllis desfrutou à grande. Nunca tinha sido uma heroína verdadeira e a sensação era deliciosa. As orelhas de Peter ficaram muito encarnadas. Também ele, porém, desfrutou muito. Só Bobbie desejou que eles não estivessem tão animados. Queria ir-se embora.

– Vão ter notícias da Companhia a este respeito, estou convicto – disse o chefe de estação.

Bobbie desejou nunca mais ouvir falar no assunto. Puxou pelo casaco de Peter.

– Oh, vem-te embora, vem-te embora! Quero ir para casa – disse ela.

De modo que foram. Ao partirem, o chefe de estação, o carregador, os revisores, o maquinista, o fogueiro e os passageiros deram-lhes vivas.

– Oh, oiçam! – exclamou Phyllis. – É para *nós*.

– Sim – disse Peter. – Tenho de confessar que estou contente por ter pensado nalguma coisa encarnada e em acenar com ela.

– Tivemos sorte em *ter* vestido os nossos saiotes de flanela encarnada! – congratulou-se Phyllis.

Bobbie nada disse. Estava a pensar no horrível monte e no comboio que se precipitava ao seu encontro.

– E fomos *nós* que os salvámos – disse Peter.

– Que horror, se tivessem morrido todos! – exclamou Phyllis. – Não era, Bobbie?

– Acabámos por não trazer nenhuma cereja – disse Bobbie. Os outros acharam-na bastante insensível.

Capítulo VII
Por excecional bravura

Espero que não me levem a mal que vos conte tanta coisa sobre Roberta. O facto é que me estou a afeiçoar muito. Quanto mais a observo, mais gosto dela. E vou reparando em todas as suas facetas que aprecio.

Por exemplo: estava sempre ansiosa por fazer felizes as outras pessoas. E era capaz de guardar um segredo, um feito raro. Tinha também o condão da simpatia silenciosa. Isto parece bastante aborrecido, bem sei, mas não é tanto como parece. Significa apenas que uma pessoa é capaz de perceber que estamos infelizes e nos dá uma dose suplementar de amor, sem nos maçar dizendo-nos a toda a hora a pena que tem de nós. Bobbie era assim. Sabia que a mãe estava infeliz... e não sabia porquê. Então, limitou-se a cuidar ainda mais da mãe, sem revelar a sua inquietação. Isto requer prática, não é tão fácil como se possa pensar.

O que quer que acontecesse – e acontecia toda a espécie de coisas banais, simpáticas e agradáveis, tais como piqueniques, jogos e bolos ao lanche –, Bobbie tinha sempre esses pensamentos. «A mãe está infeliz. Porquê? Não sei. Ela não quer que eu saiba. Não vou tentar descobrir. Mas ela *está* infeliz. Porquê? Não sei. Ela não quer...» e assim sucessivamente, uma e outra vez, como no caso de uma melodia em *loop*.

O senhor russo ainda ocupava grande parte dos pensamentos de toda a gente. Os diretores de jornais, ministros e deputados tinham respondido às cartas da mãe da forma mais cordial possível; mas nenhum deles era capaz de dizer onde estariam a mulher e os filhos do Sr. Szezcpansky (já vos tinha dito que o nome muito russo do russo era este?).

Bobbie tinha outra qualidade que ouvirão descrita de forma diferente por várias pessoas. Há quem lhe chame meter o nariz onde não se é chamado... há quem lhe chame «ser afetuosa» e quem a resuma como uma pessoa que gosta de «ajudar velhinhas a atravessar a rua». Significa apenas tentar ajudar as pessoas.

Deu voltas à cabeça para descobrir alguma maneira de ajudar o senhor russo a encontrar a mulher e os filhos. Ele já tinha aprendido algumas palavras em inglês. Era capaz de dizer *good morning, good night, please* e *thank you, pretty*, quando as crianças lhe traziam flores, e *ver' good*, quando lhe perguntavam se tinha dormido bem.

O modo como sorria quando «falava o seu inglês» era, achava Bobbie, «do mais amoroso que havia». Bobbie imaginava a expressão dele, porque achava que isso, de alguma forma, iria ajudá-la a ajudá-lo. Mas não. No entanto, a presença dele alegrava-a, porque fazia a mãe feliz.

POR EXCECIONAL BRAVURA

– Ela gosta de ter alguém com quem ser bondosa, além de nós – dizia Bobbie. – E sei que não gostou nada de lhe emprestar a roupa do pai. Mas suponho que fosse uma dor suportável ou não o teria feito.

Desde o dia em que impediram o desastre de comboio, Bobbie acordava a meio da noite a gritar e a tremer, revivendo o momento em que a pobre locomotiva se dirigia à multidão – pensando estar apenas a cumprir o seu veloz dever e que o caminho estava desobstruído e seguro. E depois percorria-a uma cálida sensação de prazer quando se lembrava de como ela, Peter, Phyllis e os saiotes de flanela encarnada tinham salvado toda a gente.

Certa manhã, chegou uma carta. Era dirigida a Peter, Bobbie e Phyllis. Abriram-na com uma curiosidade entusiástica, pois não era frequente receberem cartas.

A carta dizia:

Caro Senhor e Caras Senhoras,
Temos prevista uma pequena cerimónia, em homenagem à vossa ação corajosa e imediata de salvar o comboio em (tantos do tal), evitando assim o que teria sido um terrível acidente. A homenagem realizar-se-á na estação às três da tarde do dia 30 do corrente mês, se a data e o lugar vos convierem.
Com os melhores cumprimentos,

Jabez Inglewood, Great Northern
and Southern Railway Co.

Nunca tinha havido um momento de maior orgulho nas vidas das três crianças. Precipitaram-se para a mãe com a carta, também muito orgulhosa, o que fez as crianças ficarem ainda mais felizes.

– Mas se na cerimónia vos oferecerem dinheiro, têm de dizer «Muito obrigado, mas preferimos não o aceitar» – disse a mãe. – Vou já lavar as vossas musselinas – acrescentou. – Têm de estar bonitos numa ocasião como esta.

– A Phil e eu podemos lavá-las – disse Bobbie. – Mas tens de ser tu a passá-las a ferro, mãe.

Lavar a roupa é bastante divertido. Não sei se alguma vez experimentaram. Esta lavagem em particular tinha lugar nas traseiras da casa, com o chão de pedra e um tanque enorme por baixo da janela.

– Vamos pôr água quente no tanque – disse Phyllis.
– E depois podemos fazer de conta que somos lavadeiras ao ar livre, como as que a mãe viu em França.

– Mas elas lavavam num rio muito frio – disse Peter, de mãos nos bolsos. – Não em água quente.

– Então, isto é um rio *quente* – disse Phyllis. – Ajuda aqui com a água, sim?

Peter ajudou.

– Agora é esfregar e lavar, e lavar e esfregar – disse Phyllis, toda contente, enquanto Bobbie carregava cuidadosamente para o lume a pesada chaleira.

– Não, não! – disse Bobbie, chocada. – Não se esfrega a musselina. Põe-se o sabão na água quente e faz-se muita espuma. Depois mergulha-se, sacode-se e espreme-se, com muito jeitinho, e a sujidade sai toda. Só coisas menos delicadas, como toalhas de mesa e lençóis, é que podem ser esfregadas.

Uma leve brisa fazia baloiçar as rosas do lado de fora da janela.

– Para já, está um dia bom para pôr a roupa a secar – disse Bobbie. – Imagino que boa que vai ser a nossa sensação quando *pusermos* os vestidos de musselina!

– Sim, também eu – disse Phyllis, sacudindo e espremendo a musselina de uma forma bastante profissional.

– *Agora* esprememos a água ensaboada. *Não*, nunca devemos torcê-las... e depois enxaguamo-las. Eu seguro nelas enquanto tu e o Peter trocam a água quente por água limpa.

– Uma cerimónia! Isso quer dizer que vamos receber presentes – disse Peter, enquanto as irmãs, tendo já lavado as molas e limpado a corda, penduravam os vestidos para secar.

– O que será?

– Pode ser qualquer coisa – disse Phyllis. – Sempre quis um elefante bebé... mas calculo que eles não saberão isso.

– Imagina que são modelos de locomotivas em ouro – especulou Bobbie.

– Ou um grande modelo da cena do acidente que evitámos – sugeriu Peter. – Um modelo em miniatura do comboio e bonecos vestidos como nós, o maquinista, o fogueiro e os passageiros.

— Tu *gostas* — disse Bobbie, secando as mãos na toalha grossa pendurada nas costas da porta — ...tu *gostas* que nos deem um prémio por termos salvado o comboio?

— Cá eu, gosto — disse Peter, sem rodeios. — E não tentes convencer-nos de que não gostas, porque sei que gostas.

— Sim, gosto — respondeu Bobbie. — Mas não devíamos estar satisfeitos apenas por termos feito o nosso dever sem pedir mais?

— Quem é que pediu mais alguma coisa, palerma? — retorquiu o irmão. — Os soldados condecorados não *pedem* as medalhas, mas ficam contentes por recebê-las. Talvez nos deem medalhas. Se estiver certo, quando for muito velho, hei de mostrá-la aos meus netos e dizer «Limitámo-nos a cumprir o nosso dever», e eles ficarão orgulhosos de mim.

— Tens de casar — avisou Phyllis. — Ou não terás netos.

— Calculo que um dia *terei* de casar — disse Peter. — Mas será uma chatice ter a minha mulher por perto o tempo todo. Gostava de casar com uma senhora que adormecesse e só acordasse uma ou duas vezes por ano.

— Só para dizer que eras a luz da vida dela e depois voltava a dormir. Sim. Não seria nada mau — disse Bobbie.

— Quando *eu* me casar — disse Phyllis —, vou querer que o meu marido me queira acordada o tempo todo, de modo a poder ouvi-lo dizer bem de mim.

— Acho que seria bom — disse Bobbie — casar com alguém muito pobre. Assim, eu fazia o trabalho todo e ele iria adorar-me. Quando ele chegasse do trabalho, veria o fumo da lenha queimada a enrolar-se pela lareira. Olhem... temos de responder à carta e dizer que a hora e o lugar nos *convêm*. Phil, traz-me aquela caixa cor-de-rosa que te deram nos anos.

Levou tempo a combinar o que havia de ser dito. Como a mãe tinha voltado à sua escrita, as crianças estragaram várias folhas de papel cor-de-rosa com rebordos dourados e trevos de quatro folhas nos cantos até terem decidido o que dizer. Depois, fizeram uma cópia para cada um e assinaram com o respetivo nome.

A carta em triplicado dizia assim:

Caro Senhor Jabez Inglewood,
Muito agradecidos. Não queríamos ser homenageados, apenas queríamos salvar o comboio, mas ficamos contentes se pensa que sim e muitíssimo obrigado. A data e lugar que diz convêm-nos perfeitamente. Mais uma vez, muito agradecidos.

Afetuosamente, do seu amigo...

Depois, cada um assinava com o respetivo nome e a seguir «P.S. Muito obrigado».

— Lavar é muito mais fácil do que passar a ferro — disse Bobbie, tirando da corda os vestidos lavados e já secos. — Adoro ver as coisas ficarem limpas. Oh... não sei como vamos aguentar até chegar a hora da cerimónia.

Pareceu ter passado muitíssimo tempo, até que chegou *o dia*. As três crianças desceram a horas até à estação. E tudo o que aconteceu foi tão estranho que pareceu um sonho. O chefe de estação foi recebê-los – na sua melhor indumentária, como Peter notou – e levou-os para a sala de espera onde antes tinham jogado o jogo dos anúncios. Parecia agora bastante diferente. Tinha sido estendida uma carpete, havia vasos de rosas na cornija da lareira e nos parapeitos das janelas e também ramos espetados, neste caso azevinho e o louro do Natal, por cima do cartaz da *Cook's Tours* e do Caminho de Ferro Paris-Lyon. Estava presente um considerável número de pessoas além do carregador: duas ou três senhoras elegantemente vestidas e uma razoável multidão de cavalheiros de chapéu alto e sobretudo, para não falar de toda a gente que pertencia à estação. Reconheceram várias pessoas que tinham estado no comboio no dia do saiote-de-flanela-encarnada. O melhor de tudo era a presença do senhor de idade, e o seu casaco, chapéu e colarinho pareciam mais do que nunca diferentes dos de toda a gente. Apertou-lhes a mão e, de seguida, toda a gente se sentou, e um cavalheiro de óculos – descobriram mais tarde que se tratava do superintendente do distrito – começou um discurso bastante longo. Não vou transcrever aqui o discurso. Primeiro, seria maçador; em segundo lugar, porque as três crianças coraram tanto e as suas orelhas ficaram de tal forma quentes que urge deixar esta parte do assunto; e, finalmente, porque não tenho tempo para reproduzir aqui todas as palavras do cavalheiro. Resumindo, falou da bravura e da presença de espírito das crianças. Sentou-se quando terminou e toda a gente bateu palmas.

Nesse momento, o senhor de idade levantou-se e também discursou. Foi muito parecido a uma cerimónia de prémios. Depois, chamou as crianças e deu-lhes três lindos relógios de ouro. E dentro dos relógios estava gravado o seguinte, depois do nome do novo proprietário:

«Dos Administradores da Northern and Southern Railway, em grato reconhecimento da sua corajosa e pronta ação que evitou um acidente em [tantos do tal] de 1905.»

Os relógios eram a coisa mais bonita que se possa imaginar, e, para guardá-los, deram às três crianças um estojo de cabedal azul.

– Agora têm de fazer um discurso e agradecer a toda a gente a sua amabilidade – sussurrou o chefe de estação ao ouvido de Peter, empurrando-o para a frente. – Começa por «Minhas senhoras e meus senhores» – acrescentou.

As crianças já tinham agradecido.

– Ó meu Deus – disse Peter, mas não ofereceu resistência ao empurrão. – Minhas senhoras e meus senhores – disse, numa voz bastante rouca. Depois houve uma pausa e ele ouviu o coração a bater-lhe na garganta. – Minhas senhoras e meus senhores – prosseguiu num ímpeto. – É extremamente amável da vossa parte e estimaremos estes relógios toda a vida... na realidade, nem os merecemos porque não fizemos nada de mais. Quero dizer, no máximo foi emocionante e o que eu quero dizer é... muito obrigado a todos.

As pessoas aplaudiram Peter, mais do que tinham aplaudido o superintendente do distrito. A seguir, toda a gente lhes apertou a mão e, tão depressa quanto a cortesia permitiu, as crianças foram-se embora e dispararam colina acima até às Três Chaminés com os relógios nas mãos.

Foi um dia maravilhoso. O género de dia que muito raramente acontece e, à maioria das pessoas, não acontece de todo.

– O que eu mais queria era falar com o senhor de idade sobre outra coisa – disse Bobbie. – Mas havia tanta gente... era como estar na igreja.

– O que é que querias dizer-lhe? – perguntou Phyllis.

– Digo-vos quando tiver pensado melhor no assunto – disse Bobbie.

De modo que, depois de ter pensado um bocadinho mais, escreveu uma carta.

Meu querido senhor de idade,

Venho pedir-lhe um grande favor. Gostaria que saísse do comboio na nossa estação e apanhasse o seguinte. Não quero pedir-lhe nada. A mãe diz que não devemos. E, além disso, não queremos nenhuma *coisa*. Só falar consigo sobre um *prisioneiro e cativo*.

A sua afetuosa amiguinha,
Bobbie

Convenceu o chefe de estação a entregar a carta ao senhor de idade e, no dia seguinte, pediu a Peter e a Phyllis que descessem com ela até à estação à hora a que passava o comboio que trazia da cidade o senhor de idade.

Explicou-lhes o seu plano... e eles aprovaram.

Tinham todos lavado as mãos e as caras e penteado o cabelo. Estavam agora o mais arranjados possível. Mas Phyllis, sempre desastrada, entornou limonada no vestido. Não havia tempo para se mudar. Dado que, no pátio, o vento soprava o fumo da chaminé, o vestido dela rapidamente foi polvilhado de negro, que se colou às nódoas peganhentas da limonada e a fez parecer, como disse Peter, «uma miudinha de rua».

Decidiram, então, que devia manter-se atrás dos outros tanto quanto possível.

– Talvez o senhor de idade não repare – disse Bobbie. – Às vezes, os idosos têm os olhos fracos.

Não havia, porém, qualquer sinal de fraqueza nos olhos ou em qualquer outra parte do senhor de idade quando desceu do comboio e varreu com o olhar a plataforma.

Agora que tinha chegado o momento de se encontrarem, as três crianças sentiram aquela profunda timidez que nos deixa as orelhas encarnadas e quentes, as mãos a suar e a ponta do nariz cor-de-rosa e brilhante.

– Oh – disse Phyllis. – O meu coração está a bater como uma locomotiva a vapor... e mesmo por cima dos meus carris.

– Que disparate – disse Peter. – O coração das pessoas não fica nem por cima nem por baixo de carris.

– Não interessa, o meu fica – disse Phyllis.

– Se é para falar como num livro de poesia, tenho o coração na boca – disse Peter.

– Pois, o meu coração cai-me aos pés, já que falas nisso – disse Roberta. – Mas vamos, para ele não pensar que somos tontos.

— Não se enganará muito — respondeu Peter. E avançaram ao encontro do senhor de idade.

— Olá — disse ele, apertando-lhes a mão, um a um. — Tenho muitíssimo prazer.

— *Foi* muito amável ter saído aqui — disse educadamente Bobbie, a transpirar.

Ele pegou-lhe no braço e conduziu-a à sala de espera onde ela e os outros tinham brincado ao jogo dos anúncios no dia em que encontraram o russo. Phyllis e Peter seguiram-nos.

— Então? — disse o senhor de idade, dando ao braço de Bobbie um apertãozinho carinhoso antes de o largar. — De que se trata?

— É que... — começou Bobbie.

— Sim? — disse o senhor de idade.

— O que eu quero dizer... — continuou Bobbie.

— É...? — indagou o senhor de idade.

— Temos uma coisa para lhe contar. Bom, é assim — e lá despejou a história do russo que tinha escrito o livro maravilhoso sobre a gente pobre e só por causa disso tinha sido mandado para a cadeia e para a Sibéria. — E o que mais queremos neste mundo é encontrar a mulher e os filhos dele, mas não sabemos como. O senhor deve ser muito inteligente ou não seria administrador do caminho de ferro. E se *o senhor* soubesse como... e quisesse? Preferíamos isso a qualquer outra coisa. Até prescindíamos dos relógios se os pudesse vender para encontrar a mulher dele.

POR EXCECIONAL BRAVURA

E os outros disseram o mesmo, embora não com tanto entusiasmo.

– Hum, como é que disseram que ele se chamava? Fryingpansky? – perguntou o senhor de idade, puxando para baixo o colete branco com os grandes botões dourados.

– Não, não – disse Bobbie, com veemência. – Vou escrever. Não é nada assim a não ser quando se diz. Tem um lápis e um papel? – perguntou.

O senhor de idade puxou de um estojo com uma lapiseira de ouro e de um lindo e bem-cheiroso bloco de notas de coiro e abriu-o numa página em branco:

– Aqui está, podes escrever.

Ela escreveu «Szezcpansky» e disse:

– É assim que se escreve. *Diz-se* Shepansky.

O senhor de idade tirou do bolso um par de óculos de aros de ouro e ajustou-os ao nariz. Depois de ler o nome, a sua expressão mudou radicalmente:

– *Esse* homem? Não posso crer! Li o livro dele, está traduzido em quase todas as línguas europeias. Um belo e nobre livro. Com que então a vossa mãe acolheu-o... como a boa samaritana. Bom, digo-vos uma coisa, meus meninos, a vossa mãe deve ser uma mulher muito boa.

– Claro que é – disse Phyllis, admirada.

– E o senhor é um homem muito bom – disse Bobbie, muito tímida, mas firme.

– Lisonjeia-me – disse o senhor de idade, tirando o chapéu.

– E agora vou dizer-vos o que penso de vocês.

— Oh, não, por favor — disse Bobbie, apressadamente.
— Porquê? — perguntou o senhor de idade.
— Não sei exatamente — disse Bobbie. — Só que... se é horroroso, não quero que nos diga, e se é amável, preferia que não nos dissesse.

O senhor de idade riu-se.
— Muito bem, então. Vou só dizer que estou muito contente por terem vindo falar comigo sobre este assunto. Muito contente, mesmo. E não será difícil descobrir algo rapidamente. Conheço muitos russos em Londres e todos sabem o nome *dele*. Agora, contem-me tudo a vosso respeito.

Voltou-se para os outros, mas só lá estava Peter. Phyllis tinha desaparecido.
— Conta-me tudo a teu respeito — pediu mais uma vez o senhor de idade. E, naturalmente, isto deixou Peter mudo.
— Muito bem, vamos fazer um jogo — disse o senhor de idade.
— Sentam-se os dois a esta mesa, eu fico no banco e faço as perguntas.

Assim fez e lá arrancou os nomes e as idades deles, o nome do pai e o que fazia, há quanto tempo viviam nas Três Chaminés e muito mais coisas.

Depois de várias perguntas e respostas, a porta da sala de espera abriu-se. Era Phyllis, de atacadores desapertados, entrando cautelosamente. Numa mão trazia uma grande lata e na outra uma grossa fatia de pão com manteiga.
— Hora do lanche — anunciou orgulhosamente e estendeu a lata e o pão com manteiga ao senhor de idade, que aceitou e disse:
— Não posso acreditar!

– Pode, sim – assentiu Phyllis.
– É muito atencioso da tua parte – agradeceu o senhor de idade.
– Mas podias ter arranjado uma chávena – disse Bobbie.
– E um prato.
– O Sr. Perks bebe sempre da lata – disse Phyllis, corando intensamente. – Acho que foi muito simpático da parte dele... quanto mais pedir-lhe chávenas e pratos – acrescentou.
– Também eu – disse o senhor de idade, bebendo algum chá e provando o pão com manteiga.
Chegou a hora do comboio seguinte e ele entrou com um adeus e umas últimas palavras amáveis.
– Bom... – disse Peter, ainda na plataforma, depois de desaparecerem na curva as luzes traseiras do comboio. – Acho que hoje acendemos uma vela e não vão tardar os fogos de artifício em honra do nosso russo.
E assim foi.
Ainda não tinham passado dez dias do encontro na sala de espera quando as três crianças, sentadas no topo da maior montanha do campo ao lado da sua casa, observavam o 5:15h afastar-se da estação e os poucos passageiros lançar-se estrada acima em direção à aldeia... viram também uma pessoa a dirigir-se às Três Chaminés.
– Que raio! – disse Peter, descendo a correr.
– Vamos lá ver – disse Phyllis.
Quando se aproximaram o suficiente, viram que era o senhor de idade, com os seus botões dourados a reluzirem ao

sol da tarde e o seu colete branco a parecer mais branco do que nunca contra o verde do campo.

— Olá! — gritaram as crianças, acenando.

— Olá! — gritou o senhor de idade, acenando com o chapéu.

Então, começaram os três a correr, e quando chegaram ao pé dele estavam quase sem fôlego para dizerem:

— Como tem passado?

— Boas notícias — disse. — Encontrei a mulher e o filho do vosso amigo russo, e não resisti à tentação de vir dizer-lho pessoalmente.

Mas ao olhar para a cara de Bobbie, sentiu que *podia* resistir a essa tentação.

— Vá — disse-lhe —, corre a dizer-lhe. Eles os dois mostram-me o caminho.

Bobbie foi a correr. Depois de ter dado ofegantemente as notícias ao russo e à mãe, sentados no sossego do jardim, o rosto da mãe iluminou-se, enquanto dirigia uma dúzia de palavras em francês ao exilado. Aí, Bobbie desejou *não* ter sido a portadora das notícias. O russo levantou-se de um salto com um grito que fez saltar o coração de Bobbie e que a fez tremer, um grito de amor e anseio como ela nunca tinha ouvido. Depois pegou na mão da mãe, beijou-a suavemente e afundou-se outra vez na cadeira, cobrindo o rosto com as mãos e soluçando. Bobbie escapuliu-se. Naquele momento, não lhe apeteceu estar com ninguém.

Mas estava verdadeiramente contente. Peter correu à aldeia para comprar pãezinhos e bolos, e as raparigas prepararam o lanche e levaram-no para o jardim.

POR EXCECIONAL BRAVURA

O senhor de idade estava bem-disposto e encantador. Parecia capaz de falar duas línguas quase ao mesmo tempo, e a mãe quase não lhe ficava atrás. Foi uma ocasião deliciosa.

A mãe parecia não saber o que mais fazer pelo senhor de idade e disse imediatamente que sim quando ele perguntou se podia presentear com várias «gulodices» os seus pequenos amigos.

A palavra era nova para as crianças; calcularam que queria dizer doces, pois as três grandes caixas cor-de-rosa, atadas com fita verde, que tirou do seu saco continham fileiras de belíssimos chocolates.

Os poucos pertences do russo foram empacotados e todos se despediram dele na estação.

Depois, a mãe voltou-se para o senhor de idade e disse:

– Não sei como agradecer-lhe *tudo* o que fez. Foi um verdadeiro prazer conhecê-lo. Tenho imensa pena de não poder convidá-lo para nos visitar novamente. Sabe, é que nós gostamos de viver discretamente.

As crianças acharam isto muito aborrecido. Agora que *tinham* feito um amigo (e que amigo!), teriam gostado imenso que este os visitasse de vez em quando.

Não podiam saber o que passava pela cabeça do senhor de idade. Apenas disse:

– Dou-me por muito feliz, minha senhora, por ter sido recebido uma vez que fosse em sua casa.

– Ah – suspirou a mãe. – Sei que devo parecer antipática e ingrata, mas...

— A senhora nunca poderia parecer senão uma senhora encantadora e gentil — disse o senhor de idade, com mais uma das suas vénias.

Ao darem a volta para subir a colina, Bobbie reparou na cara da mãe.

— Pareces cansada, mãezinha — disse. — Apoia-te em mim.

— Cabe-me a mim dar o braço à mãe — disse Peter. — Sou o homem da família quando o pai está fora.

A mãe deu o braço aos dois.

— É tão bom — disse Phyllis, pulando alegremente — pensar no nosso amigo russo a abraçar a mulher há muito desaparecida. O bebé deve ter crescido tanto desde a última vez que o viu.

— Sim — disse a mãe.

— Pergunto a mim mesma se o pai vai pensar ou não que *eu* cresci — continuou Phyllis, pulando cada vez mais. — Eu já cresci, não cresci, mãe?

— Já — disse a mãe. — Oh, se cresceste...! — Bobbie e Peter sentiram as mãos dela apertar os seus braços.

— Pobre mãezinha, *está* mesmo cansada — disse Peter.

Bobbie disse:

— Vamos, Phil. Faço uma corrida contigo até casa.

E começou a correr, embora detestasse corridas. O leitor *sabe* muito bem porque é que Bobbie fez aquilo. A mãe pensou apenas que Bobbie estava farta de andar devagar. Mesmo as mães, que nos amam mais do que alguém jamais nos amará, nem sempre compreendem.

Capítulo VIII
Os bombeiros amadores

— Tem aí um alfinetezinho mesmo à maneira, menina — disse Perks, o carregador. — Não acho que alguma vez tenha visto nada mais parecido com uma campânula sem *ser* uma campânula.
— É verdade — disse Bobbie, contente e corada com a observação. — Sempre pensei que era mais real do que uma verdadeira... e *nunca* pensei que viria a ser meu, mesmo meu. E depois a mãe deu-mo pelos anos.
— Oh, fez anos? — disse Perks, bastante surpreendido, como se fazer anos fosse coisa de uns quantos privilegiados.
— Sim — disse Bobbie. — Quando são os seus anos, Sr. Perks?
As crianças estavam a lanchar com o Sr. Perks na sua sala, por entre as luzes e os almanaques dos caminhos de ferro. Tinham levado as suas chávenas e alguns biscoitos com geleia. O Sr. Perks fez chá numa lata de cerveja, como de costume, e todos se sentiam muito contentes e íntimos.
— Os meus anos? — disse Perks, vertendo mais chá na chávena de Peter. — Deixei de me lembrar dos meus anos antes de teres nascido.

— Mas o senhor deve ter nascido *nalgum* dia, sabe — disse Phyllis, pensativa. — Mesmo que tenha sido há vinte anos ou há trinta ou sessenta ou setenta.

— Também não foi assim há tanto tempo, menina — Perks sorriu ao responder. — Se querem realmente saber, há trinta e dois anos no dia quinze deste mês.

— Então porque é que não o recorda? — perguntou Phyllis.

— Tenho outras coisas que recordar além dos dias de anos — disse Perks, concisamente.

— Oh! Mas o quê? — perguntou Phyllis, impetuosamente. — Não serão segredos?

— Não — respondeu Perks. — Os miúdos e a patroa.

Foi esta conversa que pôs as crianças a pensar e, finalmente, a conversar. Perks era, no fim de contas, o amigo mais querido que tinham feito. Não tão imponente como o chefe de estação, mas mais acessível; menos poderoso do que o senhor de idade, mas mais íntimo.

— Parece horrível que ninguém recorde o dia de anos dele — disse Bobbie. — Não poderíamos *nós* fazer alguma coisa? — sugeriu.

— Vamos até à ponte do canal e discutimos o assunto — disse Peter. — Recebi esta manhã uma nova linha de pesca do carteiro. Deu-ma em troca de um molho de rosas que lhe ofereci para a namorada. Ela está doente.

— Acho que bem podias ter-lhe dado as rosas de graça — disse Bobbie, indignada.

— Nhang, nhang! — bramiu Peter, desagradavelmente, e meteu as mãos nos bolsos.

— E claro que deu — disse Phyllis, à pressa. — Assim que soubemos que ela estava doente, preparámos as rosas e esperámos ao pé do portão. Foi quando estavas a fazer as panquecas com flocos de aveia. E quando ele já tinha dito não sei quantas vezes «Obrigado pelas rosas», muito mais vezes do que era preciso, puxou da linha e deu-a ao Peter. Não foi uma troca. Foi gratidão.

— Oh, *desculpa*, Peter — disse Bobbie. — *Peço* muita desculpa.

— Não há de quê — disse Peter, magnanimamente. — Sabia que ias arrepender-te.

E lá foram até à ponte do canal. A ideia era pescar da ponte, mas a linha não era suficientemente comprida.

— Não faz mal — afirmou Bobbie. — Vamos ficar por aqui e limitar-nos a olhar para as coisas. É tudo tão bonito.

O sol estava a pôr-se em todo o seu esplendor sobre as colinas cinzentas e roxas, e o canal jazia liso e brilhante na sombra — nem uma ondulação quebrava a sua superfície. Era como uma fita de cetim cinzento entre a seda verde--escuro dos prados que ficavam em ambos os lados das suas margens.

— Está bem — aceitou Peter. — Mas as coisas bonitas são muito melhores quando tenho alguma coisa para fazer. Vamos descer até ao trilho e pescamos dali.

Phyllis e Bobbie relembraram Peter de como os rapazes das barcaças do canal lhes tinham atirado carvão.

— Oh, que disparate — disse Peter. — Agora não estão cá rapazes nenhuns. Se estivessem, fazia-lhes frente.

As irmãs de Peter tiveram a gentileza de não lhe lembrar que ele *não* tinha feito frente aos rapazes daquela vez. Em vez disso, consentiram e desceram cautelosamente o íngreme talude, até ao trilho do reboque. A linha foi cuidadosamente iscada e durante meia-hora puseram-se à pesca, pacientemente e em vão. Nem uma mordidela veio alimentar a esperança nos corações deles.

Estavam os três de olhos postos nas preguiçosas águas que fingiam diligentemente nunca terem abrigado um único peixinho, quando um sonoro e áspero grito os sobressaltou.

– Olá! – disse alguém aos berros, num tom desagradável.
– Toca a sair daí, está bem?

Um velho cavalo branco que caminhava pelo trilho encontrava-se a meia dúzia de metros deles. Puseram-se de pé num salto e subiram apressadamente o talude.

– Voltamos a esgueirar-nos para lá depois de passarem – disse Bobbie.

Mas, infelizmente, a barcaça, como é próprio das barcaças, parou debaixo da ponte.

– Vai ancorar – disse Peter. – Que azar!

A barcaça não ancorou, porque uma âncora é coisa que não faz parte da mobília de uma barcaça de canal, mas foram-lhe atadas cordas à proa e à popa, e as cordas foram amarradas às estacas e a umas barras de metal espetadas na terra.

– Para onde estão a olhar? – grunhiu o barqueiro, mal-humorado.

– Não estávamos a olhar – respondeu Bobbie. – Não somos assim tão malcriados.

— Benditos os malcriados — disse o homem. — Toca mas é a andar!

— Ande o senhor — disse Peter. Lembrou-se do que tinha dito sobre fazer frente aos rapazes e, além disso, sentia-se a salvo a meio caminho do alto do talude. — Temos tanto direito a estar aqui como qualquer outra pessoa.

— Oh, *têm*, não têm? — disse o homem. — Já vamos ver isso — atravessou o convés e começou a sair da sua barcaça.

— Vem-te embora, Peter, vem-te embora! — disseram Bobbie e Phyllis, num tom angustiado.

— Eu não — disse Peter. — Mas é melhor *vocês* irem.

As raparigas subiram até ao cimo do talude e esperaram lá, prontas a fugir para casa logo que vissem o irmão fora de perigo. O caminho para casa era a descer. Sabiam que todos corriam bem. O barqueiro não aparentava correr *assim* tão bem. Tinha a cara encarniçada, era pesado e corpulento.

Mas mal pôs o pé no trilho do reboque, as crianças viram que não era bem assim.

Deu um salto pelo talude acima e apanhou Peter pela perna, puxou-o, pô-lo de pé com um abanão, agarrou-o pelas orelhas e disse severamente:

— Ora, vamos lá ver agora. Não sabes que estas águas são protegidas? Não tens nenhum direito de pescar aqui, para não falar do teu grande descaramento.

Peter recordaria com orgulho que, com os dedos furibundos do barqueiro a apertar-lhe a orelha e com o seu bafo quente no pescoço, tinha tido a coragem de responder:

— Eu *não* estava a pescar.

— Não é que não *quisesses*, raios partam — disse o homem, dando um torcegão, não muito forte, à orelha de Peter.

Peter não negou as suas intenções. Bobbie e Phyllis tinham permanecido agarradas às grades e pulavam de ansiedade. De repente, Bobbie deslizou por entre as grades e correu na direção de Peter, tão impetuosamente que Phyllis, seguindo-a mais moderadamente, teve a certeza de que a descida da irmã acabaria nas águas do canal. E era o que teria acontecido se o barqueiro não tivesse largado a orelha de Peter e deitado a mão à manga da sua camisola.

— Mas quem é que queres empurrar? — disse ele, pondo-a de pé.

— Oh — disse Bobbie, sem fôlego. — Não estou a querer empurrar ninguém. Pelo menos, não de propósito. Por favor, não se zangue com o Peter. Já percebemos que o canal é seu, pedimos desculpa e não voltaremos. Mas não sabíamos que era seu.

— Toca mas é a ir embora — disse o barqueiro.

— Sim, nós vamos já, vamos já — disse Bobbie, com veemência. — Mas pedimos desculpa. Por acaso, não apanhámos um único peixe. Francamente, diria se tivéssemos apanhado, palavra de honra que diria.

Mostrou-lhe as mãos e Phyllis virou do avesso a sua pequena bolsa, para mostrarem que realmente não tinham com elas qualquer peixe.

— Bom — disse o barqueiro mais suavemente —, ponham-se na alheta e não voltem aqui.

As crianças apressaram-se talude acima.

– Atira-nos um capote, Maria – gritou o homem. E uma mulher ruiva de xaile axadrezado verde saiu da cabina com um bebé nos braços e atirou-lhe um capote. Ele vestiu-o, subiu o talude e afastou-se curvado pela ponte fora em direção à aldeia.

– Vem ter comigo ao *Rose and Crown* quando tiveres posto a criança a dormir – ainda lhe gritou ele da ponte.

Quando o perderam de vista, as crianças regressaram, lentamente. Peter insistiu em voltar.

– O canal talvez lhe pertença, embora eu não acredite que pertença. Mas a ponte é de toda a gente. O Dr. Forrest disse-me que é propriedade pública. Não vou ser expulso da ponte por ele ou por quem quer que seja, garanto-vos.

A orelha de Peter ainda ardia e os seus sentimentos também. As raparigas seguiram-no à maneira de soldados que seguem o líder numa missão.

– Era melhor que não fosses – disseram-lhe.

– Vão para casa, se têm medo – disse Peter. – Deixem-me sozinho. Não *tenho* medo.

O som das passadas do homem extinguiu-se na rua silenciosa. O sossego da tarde era interrompido pelos trinados dos rouxinóis ou pela voz da mulher da barcaça, a embalar o seu bebé. Era uma cantiga triste, a que ela cantava. Uma coisa qualquer sobre um Bill Bailey e como ela desejava que ele voltasse para casa.

As crianças permaneceram na ponte, com os braços encostados ao parapeito. Sabia-lhes bem estarem em silêncio por uns minutos, porque os seus corações batiam muito depressa.

— Não vou ser corrido daqui por um barqueiro qualquer, não vou – disse Peter, com voz rouca.

— Claro que não – disse Phyllis, para o acalmar. – Mas não te rendeste! Agora, podíamos ir para casa, não achas?

— *Não* – disse Peter.

Não se ouviu nem mais uma palavra até a mulher sair da barcaça, subir o talude e entrar na ponte. A mulher hesitou, fitando as costas das três crianças, e depois limpou a garganta para falar. Peter não se mexeu, mas as raparigas voltaram-se para trás.

— Não devem fazer caso do meu Bill – disse a mulher. – Cão que ladra não morde. Alguns dos miúdos de Farley são um verdadeiro terror. Não lhe façam caso nenhum. Ele não volta senão daqui a umas boas duas horas. Poderão apanhar uma data de peixe até lá. Ainda há luz e tudo – acrescentou.

— Obrigado – disse Bobbie. – É muito amável. Onde está o seu bebé?

— A dormir na cabina – disse a mulher. – É bonzinho. Nunca acorda antes da meia-noite. É certo como um relógio de igreja, lá isso é.

— Tenho pena – disse Bobbie. – Tinha gostado de o ver de perto.

— E nunca verá nenhum mais bonito, menina, embora não me fique bem dizê-lo – a cara da mulher iluminou-se.

— Não tem medo de o deixar sozinho? – disse Peter.

— Por Deus, não – disse a mulher. – Quem é que faria mal a uma coisinha pequenina como ele? Além disso, está lá o Spot. Até à vista!

A mulher foi-se embora.

– Vamos para casa? – disse Phyllis.

– Podes ir. Eu vou pescar – disse Peter, laconicamente.

– Pensei que tínhamos vindo aqui para falar dos anos do Sr. Perks – disse Phyllis.

– Os anos do Sr. Perks podem esperar.

Então, desceram novamente até ao trilho do reboque e Peter pôs-se à pesca. Não apanhou nada.

Era quase de noite, as raparigas estavam a ficar cansadas e, como Bobbie dissera, já passava da hora de se deitarem, quando Phyllis de repente gritou:

– O que é aquilo?

E apontou para o barco do canal. Estava a sair fumo da chaminé da cabina. Aliás, tinha estado sempre a encaracolar-se no ar morno do crepúsculo, mas agora estavam a surgir outros rolos de fumo e provinham da porta da cabina.

– Está a arder – disse Peter calmamente. – É bem feito.

– Como é que *podes* dizer uma coisa dessas? – gritou Phyllis.

– Pensa no pobrezinho do cão.

– O BEBÉ! – berrou Bobbie.

Num instante, precipitaram-se para a barcaça. As cordas que a prendiam estavam lassas e a ligeira brisa que soprava, tão leve que mal se sentia, tinha sido, no entanto, suficientemente forte para fazer a sua popa deslocar-se até se encostar à margem. Bobbie foi a primeira a chegar; seguiu-se Peter, que escorregou e caiu. Mergulhou no canal até ao pescoço e os seus pés não conseguiam encontrar o fundo, mas estava seguro pelo braço na borda da barcaça. Phyllis agarrou-o pelos cabelos. Doeu-lhe, mas ajudou-o a sair da água. No minuto seguinte, já tinha saltado para dentro da barcaça, seguido por Phyllis.

— Tu não! — gritou ele a Bobbie. — *Eu vou.*

Alcançou Bobbie à porta da cabina e empurrou-a com brutidão para o lado; se estivessem a brincar, uma tal brutidão teria feito Bobbie deitar lágrimas de raiva e dor. Agora, embora ele a tivesse atirado contra a borda do porão, de tal maneira que o joelho e o cotovelo dela ficaram arranhados e magoados, ela apenas gritou:

— Não, tu não, *eu* — e, com dificuldade, pôs-se outra vez de pé. Mas não com suficiente rapidez.

Peter já tinha descido dois dos degraus da cabina, adentrando-se na nuvem do espesso fumo. Parou, lembrou-se de tudo o que tinha ouvido a respeito de incêndios, tirou o lenço molhado do bolso do peito e atou-o por cima da boca. Enquanto puxava do lenço, disse:

— Está tudo bem, quase não há chamas.

E isto, embora ele soubesse que era mentira, foi um gesto bastante bonito da sua parte. Destinava-se a impedir Bobbie de se precipitar atrás dele ao encontro do perigo. Um fulgor vermelho brilhava na cabina. Uma lamparina ardia calmamente numa névoa cor-de-laranja.

— Olá — disse Peter, afastando o lenço da boca por um momento. — Olá, bebé, onde estás? — engasgou-se.

— Oh, deixa-*me* que vá — gritou Bobbie, que o seguia de perto. Peter empurrou-a ainda mais brutalmente do que antes e prosseguiu.

Ora, o que teria acontecido se o bebé não tivesse chorado, não sei. Mas o certo é que precisamente nesse momento o bebé *chorou*. Peter avançou às apalpadelas através da fumarada negra, sentiu uma coisa pequena e fofa, quente e viva, pegou nela e recuou, quase tropeçando em Bobbie, que o seguia de perto. Sentiu uma leve dentada na sua perna; era o cão, que tentou ladrar e engasgou-se.

– Já tenho o miúdo – disse Peter, arrancando o lenço e cambaleando para o convés.

Bobbie apalpou para encontrar o cão e as suas mãos embateram no seu lombo gordo de pelo curto. O cão virou-se e ferrou os dentes na mão dela, mas muito suavemente, como se estivesse a dizer «Tenho de ladrar e morder quando algum desconhecido entra na cabina do meu dono, mas sei que vens por bem, pelo que não vou morder-te *a sério*».

Bobbie largou o cão.

– Muito bem, velhote. Bonito cão – disse ela. – Vá, dá-me o bebé, Peter. Estás tão molhado que podes provocar-lhe uma constipação.

De bom grado, Peter entregou-lhe o estranho embrulho que se contorcia e gemia nos seus braços.

– Bom – disse Bobbie apressadamente –, corres até ao *Rose and Crown* e contas-lhes. A Phil e eu ficamos aqui com esta preciosidade. Sossega, então, querido, patinho, amor! Vai *já*, Peter! Corre!

– Não posso correr assim – disse Peter, firmemente. – Peso como chumbo. Vou a andar.

— Então corro eu — disse Bobbie. — Vai para o talude, Phil, e eu passo-te o bebé.

O bebé foi cuidadosamente transferido. Phyllis sentou-se no talude e tentou sossegá-lo. Peter espremeu o melhor que pôde a água das mangas, bem como a das pernas das calças, e foi Bobbie quem correu como o vento através da ponte e pela estrada crepuscular, comprida, branca e silenciosa, que levava ao *Rose and Crown*.

Há uma sala antiquada e agradável no *Rose and Crown*, onde os barqueiros e as suas mulheres se sentam a noite inteira a cear a sua cerveja e o queijo que assam num refulgente cabaz cheio de carvão que se projeta na sala sob uma grande chaminé coberta, mais cálida, mais bonita e mais reconfortante do que qualquer outra lareira que *eu* tenha alguma vez visto.

Havia um prazenteiro grupo de gente das barcaças à volta do fogo. Talvez o leitor não o achasse prazenteiro, mas eles achavam, pois eram todos amigos ou conhecidos, gostavam do mesmo género de coisas e falavam a mesma linguagem. É este o verdadeiro segredo de uma sociedade prazenteira. O barqueiro Bill, que as crianças tinham achado tão desagradável, era considerado uma companhia excelente pelos seus camaradas. Estava a contar uma das histórias dos seus azares — um assunto sempre empolgante. Era da sua barcaça que falava.

— E mandou dizer que a pintasse por dentro e por fora, sem dizer a cor, estão a ver? Pelo que arranjo uma data de tinta verde e pinto-a de uma ponta à outra e, digo-vos uma coisa, estava um brinco. Então, ele apresenta-se e diz «P'ra que é que a pintaste toda da mesma cor?». E eu vou e digo «Porque achei que ficava mesmo bem», e acrescento «E continuo a achar». E ele diz «Ai *achas*? Então podes pagar tu o raio da tinta». E eu tive mesmo de a pagar.

Um murmúrio de diversão percorreu a sala. Foi então que Bobbie irrompeu ruidosamente. Escancarou de um empurrão a porta, gritando ofegantemente:

– Bill! Estou à procura do Bill, o barqueiro!

Fez-se silêncio. As canecas de cerveja ficaram suspensas no ar, paralisadas no seu caminho para as bocas sequiosas.

– Oh – disse Bobbie, ao ver a mulher da barcaça e encaminhando-se para ela. – A cabina da sua barcaça está a arder. Vá depressa.

A mulher levantou-se de um salto e levou uma grande mão vermelha ao peito, do lado esquerdo, onde o nosso coração parece estar quando nos assustamos ou estamos infelizes.

– Reginald Horace! – gritou ela numa voz horrorizada. – O meu Reginald Horace.

– Ele está bem – disse Bobbie. – Se se está a referir ao bebé, tirámo-lo são e salvo. E ao cão também.

Não teve fôlego para mais, apenas para acrescentar:

– Vá... está tudo a arder.

Depois, Bobbie afundou-se numa cadeira e tentou conseguir aquele fôlego suplementar de quando se está a correr, a que as pessoas chamam o «segundo fôlego». Mas sentia-se como se nunca voltasse a conseguir respirar.

Bill, o barqueiro, levantou-se lenta e pesadamente. A sua mulher estava já cem metros à frente na estrada antes de ele se inteirar do que se tratava.

Phyllis, a tremer à beira do canal, ainda mal ouvira as passadas rápidas que se aproximavam já a mulher saltava por cima do gradeamento e lhe arrebatava o bebé das mãos.

– Cuidado – disse Phyllis, de forma reprovadora. – Acabei de adormecê-lo.

* * *

Bill apareceu mais tarde a falar numa linguagem que era totalmente desconhecida para as crianças. Saltou para a barcaça e encheu baldes de água. Peter ajudou-o a apagar o fogo. Phyllis, a mulher da barcaça e o bebé – e, também agora, Bobbie – aconchegaram-se no talude.

– Deus me ajude, se fui eu que deixei alguma coisa que possa ter incendiado – repetia a mulher uma e outra vez.

Mas não fora ela. Fora Bill, o barqueiro, que tinha batido o cachimbo para o esvaziar e a cinza acesa tinha caído no tapete da lareira e ardera ali até rebentar em chamas. Embora fosse um homem severo, era justo. Não culpou a mulher por aquilo que era culpa sua, como muitos homens das barcaças, e também outros homens, teriam feito.

* * *

A mãe estava já muito ansiosa quando as três crianças apareceram nas Três Chaminés, bastante molhadas por esta altura. Mas quando finalmente lhes arrancou o que acontecera, numa confusa e incoerente narrativa, reconheceu que eles tinham procedido bem e que não podiam ter feito outra coisa. Nem levantou quaisquer obstáculos a que eles aceitassem o cordial convite com que o homem das barcaças se tinha despedido deles.

– Estejam cá às sete da manhã. Vou levar-vos até Farley, na viagem de ida e volta, levo, sim senhor, e não custará um tostão. Dezanove comportas!

Eles não sabiam o que eram comportas, mas estariam na ponte às sete, com pão, queijo, meio bolo e um bom pedaço de perna de cordeiro numa cesta.

Estava um dia lindo. O velho cavalo branco puxava esforçadamente as cordas, a barcaça deslizava serena e regularmente pela água calma. Cobria-os um céu azul. O Sr. Bill estava de uma simpatia insuperável. Ninguém teria pensado que fosse o mesmo homem que agarrou Peter por uma orelha. Quanto à Sr.ª Bill, sempre tinha sido simpática, como disse Bobbie, o bebé também, e até o Spot, que podia tê-los mordido com bastante gravidade se lhe tivesse apetecido.

– Foi absolutamente formidável, mãe – disse Peter, quando chegaram a casa, muito contentes, cansados e sujos. – Mesmo por cima do aqueduto. E as comportas... não fazes ideia do que são. Uma pessoa afunda-se no chão e depois, quando julgamos que nunca mais vamos parar de descer, dois grandes portões pretos abrem devagar, devagarinho... saímos e lá estamos no canal outra vez exatamente como dantes.

– Eu sei – disse a mãe. – No Tamisa também há comportas. O pai e eu costumávamos passear no rio, em Marlow, antes de casarmos.

– E o querido e amoroso bebé... – disse Bobbie. – Deixaram-me tomar conta dele por muito tempo... e *foi* tão bom. Mãe, bem gostava que tivéssemos um bebé com quem brincar.

– E toda a gente foi tão simpática connosco – disse Phyllis. – Toda a gente com quem estivemos. E disseram-nos que podemos pescar onde nos apetecer. E o Sr. Bill vai mostrar-nos o caminho da próxima vez que estiver por estas paragens. Disse-nos que nós na verdade não o conhecemos.

– O que ele disse foi que *tu* não o conhecias – disse Peter. – Mas, mãe, ele disse que ia dizer a todos os barqueiros do canal que nós éramos boa gente, gente como deve ser, e que deviam tratar-nos como os bons camaradas que somos.

– Então eu disse – interrompeu Phyllis – que nós usaríamos sempre uma fita encarnada quando fôssemos pescar no canal, para que soubessem que éramos *nós* e que éramos boa gente, gente como deve ser, e fossem simpáticos connosco.

– Quer então dizer que vocês fizeram mais uma boa quantidade de amigos – disse a mãe. – Primeiro, no caminho de ferro, e agora no canal!

– Oh, sim – disse Bobbie. – Acho que toda a gente no mundo é amiga desde que consigamos fazer com que eles vejam que nós não somos inimigos.

— Talvez tenhas razão — disse a mãe. — Vá, meus queridos. São horas de ir para a cama — suspirou.

— Sim — disse Phyllis. — Imaginem, e nós que fomos lá para falar sobre o que havíamos de fazer para o dia de anos do Sr. Perks. E não trocámos nem uma palavra a esse respeito!

— Pois não, é verdade — disse Bobbie. — Mas o Peter salvou a vida do Reginald Horace. Acho que não está mal para uma tarde.

— A Bobbie tê-lo-ia salvado se eu não a tivesse atirado ao chão. Por duas vezes — disse Peter, lealmente.

— Também eu — disse Phyllis. — Se tivesse sabido o que fazer...

— Sim — disse a mãe. — Vocês salvaram a vida de um menino pequenino. Acho que é bem bom para uma tarde. Oh, meus queridos, graças a Deus que *vocês* estão sãos e salvos!

Capítulo IX
O orgulho de Perks

Era a hora do pequeno-almoço. O rosto da mãe estava radiante enquanto deitava o leite e as colheradas de papas de aveia.

— Vendi outro conto, pintainhos — disse. — Aquele sobre o Rei dos Mexilhões. O que significa que vamos ter bolos ao lanche. Podem ir buscá-los logo que estiverem prontos. Por volta das onze, não é?

Peter, Phyllis e Bobbie trocaram olhares, seis ao todo. Ao que Bobbie disse:

— Mãe, importas-te se não comprarmos os bolos para o lanche de hoje, mas antes no dia quinze? É na próxima quinta-feira.

— *A mim* não me interessa quando é que os comem, querida — respondeu a mãe. — Mas porquê?

— Porque é o aniversário do Sr. Perks — disse Bobbie. — Faz trinta e dois anos e diz que já não recorda o dia de anos porque tem mais coisas em que pensar... e não são segredos nem nada, mas os miúdos e a patroa.

– Queres dizer a mulher e os filhos – corrigiu a mãe.
– Sim – disse Phyllis. – É a mesma coisa, não é?
– E pensámos em fazer-lhe uma festa de anos como deve ser. Sabes, mãe, ele tem sido muito simpático connosco – disse Peter. – Então combinámos que no próximo dia de bolos iríamos pedir-te.
– E se não tivesse havido um dia de bolos antes do dia quinze? – interrogou a mãe.
– Ora, nesse caso, fazíamos tenções de te pedir que nos deixasses antecipá-lo e passarmos sem ele quando chegasse o dia.
– Antecipá-lo – disse a mãe. – Estou a ver. Com certeza. Era simpático escrever nos bolos o nome dele com açúcar cor-de-rosa, não era?
– Perks – disse Peter. – Não é um nome muito bonito.
– O outro nome dele é Albert – disse Phyllis. – Uma vez perguntei-lhe.
– Podíamos pôr A. P. – disse a mãe. – Eu mostro-vos como se faz, quando chegar o dia.

Isto era tudo muito bonito, mas só até certo ponto. Catorze bolos com A. P. escrito com açúcar cor-de-rosa não chegam para fazer uma comemoração em grande.

– Podemos também oferecer flores, claro – disse Bobbie, mais tarde, quando estava reunido um conselho compenetrado no assunto, no palheiro onde se encontrava a máquina avariada de cortar palha, perto da fila de orifícios de onde caía o feno para as manjedouras do estábulo.

– Ele já tem muitas flores – disse Peter.

— Mas é sempre agradável ser presenteado com elas – disse Bobbie. – Por muitas que a pessoa tenha. Podemos usar flores para enfeites da festa de anos. Mas tem de haver alguma coisa para decorar, além dos bolos.

— Vamos calar-nos e pensar – disse Phyllis. – Ninguém fala até ter pensado nalguma coisa.

Ficaram calados e tão quietos, que um rato castanho pensou que não havia ninguém no palheiro e saiu da toca com grande ousadia. Quando Bobbie espirrou, o rato assustou-se e fugiu, pois viu que um palheiro com tal agitação não era lugar para um rato respeitável de meia-idade que gostava de uma vida pacata.

— Hurra! – gritou Peter de repente. – Já sei – pôs-se de pé num salto e deu um pontapé na palha solta.

— O quê? – perguntaram elas, ansiosamente.

— Ora bem, o Sr. Perks é tão simpático com toda a gente... Deve haver montes de pessoas na aldeia que gostariam de ajudar a fazer-lhe uma festa de anos. Vamos dar uma volta e perguntar a toda a gente.

— A mãe disse que não devíamos pedir coisas às pessoas – disse Bobbie, hesitante.

— Para nós, era o que ela queria dizer, pateta, não para outras pessoas. Vou perguntar também ao senhor de idade. Vão ver se não vou – disse Peter.

— Vamos perguntar primeiro à mãe – disse Bobbie.

— Oh, de que serve incomodar a mãe com todos os pormenores? – disse Peter. – Especialmente quando tem tanto que fazer. Vá, vamos descer até à aldeia e começar a perguntar.

E lá foram. A senhora dos correios disse que não via por que razão haveria Perks de ter uma festa de anos e os outros não.
– Não – disse Bobbie. – Gostava que toda a gente tivesse uma. Só que nós sabemos o dia de aniversário dele.
– O meu é amanhã – disse a senhora dos correios. – E muito hão de reparar nele as pessoas. Ponham-se a andar.
E assim foi. Encontraram algumas pessoas simpáticas e outras resmungonas. Pedir coisas é um trabalho bastante difícil, mesmo quando é para outras pessoas, como toda a gente que o fez saberá.

Quando as crianças chegaram a casa e fizeram contas ao que lhes tinha sido dado e ao que lhes tinha sido prometido, acharam que para primeiro dia não era assim tão mau. Peter fez uma lista no bloco de notas onde costumava escrever os números das suas locomotivas. Eis o conteúdo:

RECEBIDO
Um cachimbo para tabaco da loja dos rebuçados.
Meia libra.
Chá da mercearia.
Um cachecol de lã ligeiramente desbotado da alfaiataria, que era do outro lado da mercearia.
Um esquilo embalsamado do médico.

PROMETIDO
Uma peça de carne do talho.
Seis ovos frescos da mulher que vivia na casa da antiga portagem.

O ORGULHO DE PERKS

Um favo de mel e seis atacadores do sapateiro.
Uma pá de ferro do ferreiro.

No dia seguinte, Bobbie levantou-se muito cedo e acordou Phyllis, tal como tinham combinado. Não tinham dito nada a Peter, porque pensaram que ele ia achar uma patetice. Mas disseram-lhe depois.

Cortaram um grande molho de rosas, puseram-no numa cesta com o estojo para agulhas que Phyllis tinha feito para Bobbie nos anos dela e também uma echarpe azul muito bonita de Phyllis. Depois escreveram num papel «Para a Sr.ª Ransome, com o nosso carinho, porque é o dia de anos dela», meteram-no na cesta e levaram-no aos correios. Entraram, puseram-no em cima do balcão e saíram a correr antes que a senhora dos correios tivesse tempo de entrar na loja.

Quando chegaram a casa, Peter tinha contado à mãe, enquanto a ajudava a preparar o pequeno-almoço, o plano deles.

– Não há mal nenhum nisso – disse a mãe. – Mas tudo depende de *como* o fizerem. Só espero que ele não se ofenda e julgue que é *caridade*. Sabes, as pessoas pobres são muito orgulhosas.

– Não é por ele ser pobre – disse Phyllis. – É porque gostamos muito dele.

– Vou procurar algumas roupas que já não sirvam à Phyllis – disse a mãe. – Se têm a certeza de que lhas podem dar sem ele ficar ofendido... Gostava de fazer alguma coisinha para lhe dar, por ter sido tão simpático convosco. Não posso fazer muito, porque nós também somos pobres. O que estás a escrever, Bobbie?

– Nada de especial – disse Bobbie, que subitamente tinha começado a escrevinhar. – Tenho a certeza de que ele havia de gostar das coisas, mãe.

A manhã de dia quinze foi passada muito alegremente a comprar os bolos e a ver a mãe escrever neles A. P. com açúcar cor-de-rosa. Sabem como se faz, certo? Batem-se as claras, mistura-se açúcar em pó e deitam-se umas quantas gotas de carmim. E depois faz-se um cone de papel branco limpo com um buraquinho no extremo pontiagudo e enfiam-se as claras com açúcar no extremo largo. Este corre lentamente do buraquinho da ponta e escrevem-se as letras como se fosse uma grande caneta grossa cheia de tinta de açúcar cor-de-rosa.

Os bolos tinham um aspeto lindo com A. P. lá escrito e, quando foram postos num forno frio para o açúcar se fixar, as crianças foram até à aldeia recolher o mel, a pá e as outras coisas prometidas.

A senhora dos correios estava na soleira da sua porta. Ao passarem, as crianças disseram «Bom dia» educadamente.

– Esperem – disse ela.

E eles pararam.

– Aquelas rosas... – observou.

– Gostou delas? – perguntou Phyllis. – Eram mais que frescas. Fui *eu* que fiz o estojo de agulhas, mas foi presente da Bobbie – pulava alegremente enquanto falava.

– Aqui está a vossa cesta – disse a senhora dos correios. Estava cheia de cerejas gordas e vermelhas. – Aposto que os filhos do Sr. Perks vão gostar delas.

– A senhora *é* uma querida – disse Phyllis, rodeando com os braços a cintura gorda da senhora. – O Sr. Perks *vai* ficar contente.

– Não vai ficar contente nem metade do que eu fiquei com o vosso estojo de agulhas, o lenço, as lindas flores... tudo! – disse a senhora dos correios, dando umas pancadinhas no ombro de Phyllis. – Vocês são umas boas alminhas, lá isso são. Olhem cá, tenho um carrinho de bebé ali atrás. Foi comprado para o bebé da minha Emmie, que não viveu mais do que seis meses, e ela não voltou a engravidar. Gostava que a Sr.ª Perks ficasse com ele. Seria uma ajuda para o rapagão dela. Não se importam de lho levar?

– OH! – disseram as crianças em coro.

Depois de trazer o carrinho, a Sr.ª Ransome tirou os papéis que o cobriam e limpou-o.

– Bom, aqui está ele. Acho que já lho teria dado se me tivesse lembrado disso. Só que não sabia bem se o aceitaria. Digam-lhe que era o carrinho do pequenino da minha Emmie...

– Oh, *não é* bom pensar que vai lá estar outra vez um bebé!

– Sim – disse a Sr.ª Ransome, suspirando, e rindo-se depois.
– Vá, vou dar-vos alguns rebuçados de mentol para oferecerem aos pequenos e depois ponham-se a andar antes que eu também dê o teto que me cobre a cabeça e a roupa que tenho vestida.

Todas as coisas que tinham sido recolhidas para Perks foram carregadas no carrinho de bebé e, às três e meia, Peter, Bobbie e Phyllis conduziram-no até à casinha amarela onde vivia Perks. A casa era muito asseada. No parapeito da janela estava uma jarra de flores selvagens, grandes malmequeres, azeda vermelha e ervas leves e viçosas.

Saía da lavandaria da casa um som de salpicos e um rapaz parcialmente lavado espreitou pela porta.

– A mãe está a mudar-se – disse ele.

– Desço num instante – ouviu-se do cimo das escadas estreitas e recém-lavadas.

As crianças esperaram. Pouco tempo depois, as escadas rangeram e a Sr.ª Perks desceu, abotoando o corpete. Tinha escovado o cabelo, estava liso e apanhado, e a cara dela brilhava.

– Estou um bocadinho atrasada, menina – disse ela a Bobbie. – Foi dia de grandes limpezas, além de o meu Perks por acaso me ter dito ser o seu dia de anos. Não sei o que lhe deu para pensar numa coisa dessas. Nós festejamos os anos das crianças, é claro, mas ele e eu... somos demasiado velhos para essas coisas.

– Nós sabíamos que era o aniversário dele – disse Peter.
– E temos lá fora alguns presentes, no carrinho de bebé.

Enquanto os presentes eram desembrulhados, a Sr.ª Perks ia suspirando. No final, surpreendeu e horrorizou as crianças ao cair de repente numa cadeira de madeira, a chorar.

– Oh, não chore! – disseram. – Não chore, por favor!

E Peter acrescentou, talvez com alguma impaciência:

– Mas qual é o problema? Quer dizer que não gosta?

A Sr.ª Perks só soluçava. Os filhos, agora com caras brilhantes de tão bem esfregadas com água e sabão, mantinham-se à porta da lavandaria da casa fitando os intrusos. Houve um silêncio, um silêncio incómodo.

– *Não* gosta? – inquiriu novamente Peter, enquanto as irmãs davam pancadinhas nas costas da Sr.ª Perks.

Esta parou de chorar tão repentinamente como tinha começado.

– Pronto, pronto, não me façam caso. *Está* tudo bem! – disse ela. – Gostar? Mas isto é um dia de anos como o Perks nunca teve, nem sequer quando era rapazito e vivia com o tio, um negociante de milho por conta própria que mais tarde faliu. Gostar? Oh... – e prosseguiu, disse coisas de toda a espécie, que não vou pôr por escrito, porque tenho a certeza de que Peter, Bobbie e Phyllis não gostariam que o fizesse. Ficaram com as orelhas quentes e as caras encarnadas, com as coisas amáveis que a Sr.ª Perks disse. Achavam que não tinham feito nada para merecer todos aqueles elogios.

Por fim, Peter disse:

– Olhe, ficamos muito felizes que esteja contente. Mas se continua a dizer coisas como essas, temos de ir para casa. E nós queríamos ficar para ver a reação do Sr. Perks. Mas não aguentamos.

– Não digo nem mais uma palavra – disse a Sr.ª Perks, abrindo um grande sorriso. – Mas nada me impede de as pensar, ou impede?

A Sr.ª Perks apressou-se a pôr a mesa para o lanche; os bolos, o mel e as cerejas foram distribuídos em pratos; e as rosas foram postas em dois jarros. A mesa parecia, como disse a Sr.ª Perks, «digna de um príncipe».

– Quem diria! – disse ela. – Eu a pôr tudo em ordem cedo e os miúdos a irem buscar as flores ao campo e tudo... quando nunca pensei que ia haver mais do que a onça do seu tabaco preferido, que comprei no sábado e que tenho estado a guardar desde então. Deus nos bendiga! Ele *chegou* cedo!

Perks tinha aberto a fechadura da pequena cancela da frente.

– Oh – murmurou Bobbie. – Vamos esconder-nos e a *senhora* conta-lhe. Mas dê-lhe o tabaco primeiro, já que é a sua prenda. E depois de lhe contar, entramos todos e gritamos «Parabéns!».

Era um plano muito bom, mas não resultou completamente. Para começar, mal houve tempo para Peter, Bobbie e Phyllis correrem até à lavandaria, empurrando à sua frente os jovens e boquiabertos filhos de Perks. Não houve tempo para fechar a porta, de modo que, sem querer, ouviram o que se passava na cozinha. Mal cabia na lavandaria todo o equipamento, como o pilão e a vasilha, quanto mais os filhos de Perks e os meninos das Três Chaminés.

– Olá, velhota! – ouviram o Sr. Perks dizer. – Mas que linda mesa!

– É o lanche dos teus anos, Bert – disse a Sr.ª Perks. – E aqui está uma onça do teu tabaco preferido. Comprei-o no sábado quando te deu para te lembrares de que fazias anos hoje.

O ORGULHO DE PERKS

– Minha querida mulher! – disse o Sr. Perks, e ouviu-se o som de um beijo. – Mas o que está aquele carrinho a fazer aqui? E o que são estes embrulhos todos? E onde arranjaste os doces...?

As crianças não ouviram a resposta da Sr.ª Perks, porque justamente nessa altura Bobbie teve um sobressalto, meteu a mão no bolso e o seu corpo ficou rígido de horror.

– Oh! – sussurrou ela aos outros. – O que vamos fazer? Esqueci-me de pôr as etiquetas nas prendas! Ele assim não vai saber o que é de quem. Vai pensar que é tudo *nosso* e que estamos a tentar ser caridosos ou alguma coisa horrível.

– Chiu! – disse Peter.

E depois ouviram a voz do Sr. Perks, bastante zangada, alto e bom som:

– Não me interessa, não vou tolerar isto, ficas já a saber.

– Mas... – disse a Sr.ª Perks – ...foram aqueles meninos de que estás sempre a falar, os meninos das Três Chaminés!

– Não me interessa – disse Perks, firmemente. – Nem que tivesse sido um anjo. Sempre nos arranjámos bem estes anos todos sem pedir favores. Não é com a minha idade que vou começar a pedir esmola, portanto, nem penses nisso, Nell.

– Oh, cala-te! – disse a pobre Sr.ª Perks. – Bert, morde essa língua palerma, pelo amor de Deus. Eles estão na lavandaria a ouvir cada uma das tuas palavras.

– Então, vou dizer-lhes o que acho – disse o irado Perks. – Já lhes dei a minha opinião antes e vou voltar a fazê-lo – deu duas

grandes passadas até à porta da lavandaria, escancarando-a até onde ela podia ir, com as crianças bem apertadas atrás dela.
– Saiam daí. Saiam e digam-me o que isto significa. Alguma vez me queixei a vocês de me faltar alguma coisa? Agora vêm-me com esta caridade?
– Oh! – disse Phyllis. – Pensei que ia ficar todo contente... nunca mais em toda a minha vida vou tentar ser bondosa. Não vou, não, nunca mais – desfez-se em lágrimas.
– Não foi por mal – disse Peter.
– Os atos contam mais do que a intenção – disse Perks.
– Oh, *não* diga isso! – gritou Bobbie, tentando ser mais corajosa do que Phyllis e encontrar mais palavras do que Peter.
– Pensámos que ia gostar muito. Temos sempre presentes nos nossos dias de anos.
– Certo, mas são da vossa família, é diferente.
– Não – respondeu Bobbie. – *Não* é só da nossa família. Todas as nossas empregadas nos davam coisas, e nós a elas nos dias dos seus aniversários. E nos meus anos, a minha mãe deu-me o alfinete com a campânula, e a Sr.ª Viney deu-me dois vasos muito bonitos e ninguém pensou que estivesse a fazer caridade.
– Se aqui fosse questão de dois vasos – disse Perks –, nem teria dito nada. Não posso é aceitar todas estas coisas. Não posso, nem vou.
– Mas não são todos nossos... – disse Peter. – Só que nos esquecemos de pôr as etiquetas neles. São de muita gente da aldeia.

— Gostava eu de saber quem os terá convencido — atirou Perks.

— Ora, fomos nós — respondeu Phyllis, a fungar.

Perks sentou-se pesadamente no cadeirão e olhou para eles com o que Bobbie descreveu como «olhares fulminantes de sombrio desespero».

— Andaram, então, por lá a dizer aos vizinhos que o dinheiro não nos chega até ao fim do mês? Bem, agora que nos envergonharam o mais que puderam nas vizinhanças, podem devolver esta cangalhada toda. Muitíssimo obrigado. Não duvido de que tinham a intenção de ser simpáticos, mas prefiro não continuar a dar-me convosco, se não se importam — deu lentamente a volta à cadeira de modo a ficar de costas viradas para as crianças. O cadeirão arrastou no chão de tijolo e foi esse o único som que quebrou o silêncio.

Nisto, Bobbie disse:

— Esta situação é horrível.

— É o que estou a dizer — disse Perks, sem se voltar.

— Olhe — disse Bobbie, em desespero — nós vamos embora se quiser, e não precisa de ser nosso amigo nunca mais, mas...

— *Nós* vamos ser sempre *seus* amigos, por mais antipático que seja connosco — acrescentou Phyllis, freneticamente.

— Está calada — disse Peter, ferozmente.

— Mas antes de irmos embora — continuou Bobbie —, deixe-nos mostrar as etiquetas.

— Não quero ver quaisquer etiquetas — disse Perks. — A não ser as que que são próprias das malas de viagem. Pensam que me mantive respeitável e sem dívidas com aquilo que ganho, precisando a minha mulher de lavar roupa para fora, para agora ser motivo de chacota de todos?

– Chacota? – disse Peter. – O senhor não faz a mínima ideia.

– O senhor é uma pessoa muito precipitada – reclamou Phyllis. – Sabe que já uma vez se enganou a nosso respeito por não lhe contarmos o segredo do russo. Veja as etiquetas!

– Muito bem. Força! – disse Perks, relutantemente.

– Então – disse Bobbie, remexendo atabalhoadamente o seu bolso a transbordar –, nós escrevemos o que toda a gente disse quando nos deram os presentes, porque a mãe disse que devíamos ter cuidado, porque... escrevi o que ela disse, espere.

Mas Bobbie não conseguiu ler logo as etiquetas. Teve de engolir em seco uma ou duas vezes antes de começar.

A Sr.ª Perks tinha estado a chorar desde que o marido abrira a porta da lavandaria. Agora, susteve a respiração e disse:

– Não te arrelies, por favor. *Eu* sei que a intenção era boa, mesmo que ele não saiba.

– Posso ler as etiquetas? – perguntou Bobbie, chorando para cima das tiras de papel enquanto tentava pô-las por ordem. – Primeiro, a da mãe: «Roupinhas para os filhos da Sr.ª Perks. Vou procurar algumas roupas da Phyllis que já não lhe sirvam e estou bastante certa de que o Sr. Perks não se vai ofender e pensar que é uma esmola. Gostava de lhe dar alguma coisa, porque ele é tão amável convosco... Não posso fazer muito, porque nós também somos pobres.»

Bobbie fez uma pausa.

— Isso está bem – disse Perks. – A vossa mãe é uma senhora exemplar. Nós ficamos com os vestidinhos, o que for, Nell.

— Depois há o carrinho de bebé, as cerejas e os rebuçados – continuou Bobbie. – São da Sr.ª Ransome. Ela disse: «Aposto que os filhos do Sr. Perks vão gostar dos rebuçados. E o carrinho de bebé foi comprado para o pequeno da Emmie, que não viveu mais do que seis meses, e ela não teve mais nenhum. Gostava que a Sr.ª Perks ficasse com ele. Seria uma ajuda para o seu lindo filho. Eu tinha-lho dado antes se tivesse a certeza de que o aceitava.» Disse-me que lhe dissesse que era o carrinho do pequenino da Emmie – acrescentou.

— Não posso devolver esse carrinho, Bert – disse a Sr.ª Perks, firmemente. – E não vou devolvê-lo. Não me peças...

— Não estou a pedir-te nada – disse Perks, com brusquidão.

— Depois há a pá. O Sr. James fê-la de propósito para si. E disse... onde é que isso está? Ah, encontrei! E disse: «Diga ao Sr. Perks que é um prazer fazer uma bagatelazinha destas para um homem tão respeitado.»

— O James é um bom tipo – comentou Perks.

— Depois vem o mel – disse Bobbie à pressa. – E os atacadores. *Ele* disse que respeita um homem que paga as contas, e o homem do talho disse o mesmo. E a mulher da antiga portagem disse que o senhor em rapaz muitas vezes a tinha ajudado com o jardim e que «coisas assim não se pagam». Não percebi o que queria dizer. E toda a gente que deu alguma coisa disse que gostava de si e que tinha sido uma boa ideia nossa. E ninguém falou em caridade ou em qualquer coisa do género. E o senhor de idade deu a Peter uma libra de ouro para si e disse que o Sr. Perks é um grande homem e que conhecia bem o seu trabalho. Pensei que o senhor ia *adorar* saber que as pessoas gostam tanto de si e nunca me senti tão infeliz na minha vida. Adeus. Espero que um dia nos perdoe...

Não conseguiu dizer mais nada e deu a volta para se ir embora.

– Esperem – disse Perks, ainda de costas para eles. – Retiro tudo o que disse. Nell, põe a chaleira ao lume.

– Nós levamos as coisas se elas o deixam angustiado – disse Peter. – Mas penso que toda a gente vai ficar desapontada, e nós também.

– Não me deixam angustiado – disse Perks. – Não sei – acrescentou, rodando subitamente a cadeira e mostrando o rosto com uma expressão muito esquisita. – Não sei se alguma vez me senti tão feliz. Não tanto com os presentes, embora seja uma coleção de primeira, mas com o respeito dos nossos vizinhos. É coisa que vale a pena ter, hein, Nell?

– Acho que tudo o que nos deram vale a pena ter – disse a Sr.ª Perks. – E fizeste um alarido do mais ridículo sem nenhuma razão, Bert, se queres saber a minha opinião.

– Não, não quero – disse Perks, firmemente. – Se um homem não tem respeito por si mesmo, ninguém o terá por ele.

– Mas toda a gente o respeita – disse Bobbie. – Todos o disseram.

– Eu sabia que ele ia gostar quando realmente percebesse – disse Phyllis, alegremente.

– Ficam para o lanche? – perguntou o Sr. Perks.

O ORGULHO DE PERKS

Mais tarde, Peter propôs um brinde à saúde do Sr. Perks. E o Sr. Perks propôs um brinde, também feito com chá, em que disse «Possa a grinalda da amizade permanecer verdejante para sempre», um brinde muito mais poético do que alguém teria esperado dele.

* * *

– São miúdos às direitas, lá isso são – disse o Sr. Perks à mulher enquanto se preparavam para dormir.
– Oh, são bonzinhos, Deus os bendiga – disse ela. – Tu é que és o maior chato de todos os tempos. Envergonhaste-me, digo-te...
– Não havia necessidade. Fiz marcha atrás com muita categoria assim que percebi que não era esmola. Esmolas é que eu nunca tolerei e nunca tolerarei.

* * *

A festa de anos alegrou uma série de pessoas. O Sr. Perks, a Sr.ª Perks e os filhos, graças a todos os belos presentes e às opiniões amáveis dos vizinhos; os meninos das Três Chaminés, pelo êxito, indubitável embora inesperadamente tardio, do seu plano; e a Sr.ª Ransome, de cada vez que via o bebé gorducho dos Perks no carrinho. A Sr.ª Perks fez uma extensa ronda de visitas para agradecer às pessoas os seus generosos presentes e, após cada visita, sentia que tinha amigos melhores do pensara.

– Sim – disse Perks, reflexivamente. – Não é tanto o que fazemos, mas a intenção que temos. É o que eu digo. Agora, se tivesse sido caridade...

– Oh, qual caridade! – disse a Sr.ª Perks. – Ninguém te vai dar esmolas, Bert, por muito que tu quisesses. Foi apenas amabilidade.

Quando o padre visitou a Sr.ª Perks, ela contou-lhe tudo.

– *Foi* amabilidade, não foi, senhor padre? – perguntou-lhe.

– Acho que foi aquilo a que às vezes se chama bondade – respondeu o padre.

Bom, já perceberam que acabou tudo bem. Mas naquele género de coisas, é preciso ter cuidado e fazê-las como deve ser. Pois, como disse o Sr. Perks, após ter tido tempo de voltar a refletir no assunto, não se trata tanto daquilo que fazemos, mas da intenção que temos.

Capítulo X
O terrível segredo

Quando se mudaram para as Três Chaminés, as crianças falavam muito do pai, perguntavam sobre onde e o que estaria a fazer, e quando voltaria para casa.

A mãe respondeu sempre da melhor forma que conseguiu. Mas ao longo do tempo, passaram a falar menos dele. Bobbie tinha sentido quase desde o princípio que por qualquer razão aquelas perguntas magoavam a mãe e punham-na triste. E, pouco a pouco, os outros tiveram a mesma sensação, embora não fossem capazes de expressá-la.

Certo dia, em que a mãe estava a trabalhar tanto que não podia ter nem dez minutos de folga, Bobbie levou-lhe o seu chá ao grande quarto «despido», ou melhor, ao quarto onde a mãe escreve. Não tinha praticamente mobília. Só uma mesa, uma cadeira e um tapete. Mas tinha sempre grandes vasos de flores nos parapeitos das janelas e no friso da lareira. As crianças encarregavam-se disso. E das três altas janelas sem cortinas via-se o lindo encadeamento de prados e pântanos, o violeta distante das colinas e as nuvens no céu.

– Aqui está o teu chá, mãezinha – disse Bobbie. – Bebe enquanto está quente.

A mãe pousou a caneta entre as páginas espalhadas ao longo da mesa, cobertas pela sua grafia, que era quase tão clara como letra impressa, e muito mais bonita. Passou as mãos pelo cabelo, como se o fosse arrancar.

– Dói-te a cabeça, mãe? – perguntou Bobbie.

– Não... sim... não muito – disse a mãe. – Bobbie, achas que o Peter e a Phil estão a *esquecer* o pai?

– *Não* – disse Bobbie, indignada. – Porquê?

– Nenhum de vocês tem falado dele.

Bobbie apoiou-se primeiro numa das pernas e depois na outra.

– Nós falamos muitas vezes dele quando estamos entre nós – disse ela.

– Mas não comigo – retorquiu a mãe. – Porquê?

Bobbie não achou fácil dizer porquê.

– Eu... tu... – disse e parou. Foi até à janela e olhou lá para fora.

– Bobbie, vem cá – disse a mãe.

Bobbie foi.

– Ora bem – disse a mãe, pondo o braço à volta de Bobbie e apoiando a cabeça no seu ombro. – Conta-me lá, querida.

Bobbie remexeu-se.

– Conta à mãe.

– Bom, aqui vai – disse Bobbie. – Pensei que estavas tão desgostosa por o pai não estar aqui, que eu falar nisso só te fazia sentir pior. Por isso, deixei de o fazer.

— E os outros?
— Quanto aos outros, não sei — respondeu Bobbie. — Nunca lhes falei *nisso*. Mas calculo que tenham sentido o mesmo.
— Minha querida Bobbie — disse a mãe, ainda com a cabeça encostada no ombro dela. — Vou contar-te. Além de estar longe do pai, ele e eu tivemos um grande desgosto, terrível mesmo, pior do que tudo o que possas imaginar. A princípio, magoava-me ouvir-vos falar dele como se tudo estivesse na mesma. Mas seria muito mais terrível se vocês o esquecessem. Isso seria pior que tudo.
— O problema... — disse Bobbie, em voz baixa. — Prometi que nunca te faria perguntas e nunca fiz, pois não? Mas... o problema vai durar para sempre?
— Não — disse a mãe. — O pior terá passado quando o pai voltar para casa.
— Gostava de poder consolar-te — disse Bobbie.
— Oh, minha querida, achas que não consolas? Pensas que não tenho reparado em como têm sido bonzinhos, não brigando tanto como costumavam, e nas pequenas coisas que fazem por mim, como darem-me flores, engraxarem-me os sapatos e irem a correr fazer-me a cama?
Bobbie *tinha* às vezes perguntado a si mesma se a mãe reparava nessas coisas.
— Isso não é nada — disse ela. — Comparado com...
— *Tenho* de continuar a trabalhar — disse a mãe. — Não fales disto com os teus irmãos.
Nessa noite, antes de se deitarem, a mãe, em vez de lhes ler um conto, contou às crianças histórias das brincadeiras dela e

do pai quando eram pequenos e viviam perto um do outro no campo; relatos das aventuras do pai com os irmãos da mãe, quando eram todos rapazinhos. Eram muito engraçadas e as crianças divertiram-se a ouvi-las.

– O tio Edward morreu antes de ser uma pessoa crescida, não foi? – perguntou Phyllis, enquanto a mãe apagava as luzes do quarto.

– Sim, querida – disse a mãe. – Vocês teriam gostado muito dele. Era um rapaz tão valente e aventureiro. Sempre a fazer disparates e, apesar disso, toda a gente era amiga dele. E do vosso tio Reggie também. Sim, e do pai. Acho que todos gostariam de pensar que nos divertimos a falar das coisas que eles costumavam fazer, não acham?

– O tio Edward não – disse Phyllis, num tom chocado. – Esse está no céu.

– Não pensem que ele se esqueceu de nós e dos velhos tempos só porque Deus o levou, tal como eu não me esqueço dele. Oh, não, ele lembra-se de nós. Só está longe por uns tempos. Há de chegar o dia em que voltaremos a vê-lo.

– E ao tio Reggie... e ao pai também? – inquiriu Peter.

– Sim – respondeu a mãe. – Ao tio Reggie e ao pai também. Boa noite, meus amores.

– Boa noite – disseram. Bobbie deu à mãe um abraço mais apertado do que o costume e sussurrou-lhe ao ouvido «Oh, gosto tanto de ti, mamã, gosto mesmo muito...».

Quando Bobbie refletiu em tudo aquilo, tentou não pensar muito sobre qual seria o grande problema. Mas nem sempre

conseguia. O pai não tinha morrido, como o pobre tio Edward.
A mãe tinha dito. E não estava doente ou a mãe estaria ao pé
dele. Ser pobre não era o problema. Bobbie sabia que era
alguma coisa mais próxima do coração do que uma questão
de dinheiro.

– Não devo tentar pensar no que é – disse a si mesma.
– Não, não devo. *Ainda bem* que a mãe reparou que não brigamos tanto. Vamos continuar assim.

E, infelizmente, nessa mesma tarde, Peter e Bobbie tiveram aquilo a que Peter chamou uma «zaragata de primeira».

Após três semanas do dia em que chegaram às Três Chaminés, as crianças pediram à mãe que as deixasse ter uma parte do jardim para cada um, ao que ela acedeu. Foi dividido em três partes e podiam plantar lá o que lhes apetecesse.

Phyllis tinha plantado diversas flores no dela. As sementes germinaram e, embora parecesse apenas mato, Phyllis acreditava que um dia iriam florir. A malcómia marítima bastante depressa justificou a sua fé, e o jardim foi alegrado por florzinhas coloridas, cor-de-rosa, brancas e vermelhas, e por malvas.

– Não devo arrancar as ervas daninhas porque posso agarrar as erradas – costumava ela dizer confortavelmente. – O que me poupa imenso trabalho.

Peter plantou sementes de legumes na parte dele, como cenouras, cebolas e rabanetes. As sementes foram-lhe dadas por um agricultor que vivia na casa branca e preta, de madeira e reboco, logo a seguir à ponte. Criava perus e pintadas, e era um homem muito simpático. Mas os legumes de Peter nunca tiveram grande hipótese, porque ele gostava de usar a terra do seu jardim para cavar canais, fazer fortes e outras obras para os seus soldadinhos de chumbo. E as sementes de legumes raramente dão de si num solo que é constantemente revolto para fins militares e de irrigação.

Bobbie plantou roseiras no seu jardim, mas todas as pequenas e novas rosas engelharam e definharam, talvez porque ela as mudara de outra parte do jardim em maio, que não é de todo a altura certa do ano para transplantar rosas. Mas ela não quis reconhecer que estavam mortas e esperou contra toda a esperança, até ao dia em que Perks apareceu no jardim e lhe disse com absoluta franqueza que as rosas estavam mais que mortas.

— Só servem para fogueiras — disse ele. — Pega, arranca-as e queima-as, e eu dou-te algumas raízes frescas do meu jardim, de amores-perfeitos, malcolmia, cravinas e amores-perfeitos. Trago-tas amanhã se preparares o terreno.

No dia seguinte, ela pôs mãos à obra e calhou justamente ser o dia em que a mãe os tinha elogiado por não brigarem tanto. Arrancou as rosas e levou-as para a outra ponta do jardim, onde estava o monte de lixo destinado a acender uma fogueira.

Entretanto, Peter tinha decidido destruir todos os seus fortes e outras obras, com vista a fazer um modelo do túnel do caminho de ferro, a escarpa, o talude, o canal, o aqueduto, pontes e tudo o mais.

Então, quando Bobbie voltou da última das suas espinhosas viagens com as roseiras mortas, ele tinha agarrado no ancinho e estava a usá-lo energicamente.

– *Eu* é que estava a usar o ancinho – disse Bobbie.

– Bom, mas agora estou eu a usá-lo – retorquiu Peter.

– Mas eu é que o tinha primeiro – atirou Bobbie.

– Então, agora é a minha vez – disse Peter.

E foi assim que a briga começou.

– Estás sempre a ser desagradável sem razão nenhuma – disse Peter, continuando a discussão.

– Eu é que tinha primeiro o ancinho – disse Bobbie, acalorada e desafiante, agarrando no respetivo cabo.

– Está quieta... ainda esta manhã disse que precisava dele. Não foi, Phil?

Phyllis disse que não queria envolver-se nas zangas deles. E, está claro, não foi o que acabou por acontecer.

– Se te lembras, devias dizer.

– É claro que não se lembra... mas podia dizê-lo.

– Gostava de ter um irmão em vez de duas irmãzinhas choramingas – disse Peter. Isto era sempre reconhecido como o nível máximo da fúria de Peter.

Bobbie deu-lhe a resposta que sempre lhe dava.

– Não consigo imaginar para que foram alguma vez inventados os rapazinhos – e enquanto o dizia, levantou o olhar e viu as três grandes janelas do quarto onde a mãe escreve a brilhar sob os raios de sol. A visão trouxe-lhe à memória aquelas palavras de elogio, «Vocês não brigam tanto como costumavam».

— OH! – gritou Bobbie, exatamente como se tivesse levado uma pancada, entalado um dedo numa porta ou tivesse o horrendo princípio de uma pungente dor de dentes.

— O que é que foi? – reagiu Phyllis.

Bobbie quis dizer «Não briguemos, está bem? A mãe detesta», mas embora tentasse com todas as suas forças, não conseguiu. Peter estava a ser desagradável e demasiado insultuoso.

— Fica lá, então, com a porcaria do ancinho – foi o melhor que conseguiu. E largou repentinamente o cabo do ancinho. Peter tinha estado a segurá-lo e a puxá-lo com muita força e, agora que o puxão do outro lado parara subitamente, cambaleou e caiu, com os dentes do ancinho entre os pés.

— É bem feito – disse Bobbie, sem conseguir conter-se.

Peter ficou deitado de costas meio segundo, tempo suficiente para assustar Bobbie. Ainda a assustou mais quando se sentou e deu um grito; ficou bastante pálido, deitou-se e começou a guinchar, ténue, mas repetidamente. Parecia exatamente o som de um porco a ser morto a um quilómetro de distância.

A mãe assomou à janela e um minuto depois estava no jardim ajoelhada ao lado de Peter, que nem por um instante parava de guinchar.

— O que aconteceu, Bobbie? – perguntou a mãe.

— Foi o ancinho – disse Phyllis. – O Peter estava a puxá-lo, a Bobbie também... ela largou-o e ele caiu para trás.

— Para com esse barulho, Peter – ordenou a mãe. – Vá lá. Para imediatamente.

Peter gastou o fôlego que lhe restava para um último guincho e parou.

– Bom... – disse a mãe. – Magoaste-te?

– Se se tivesse mesmo magoado, não fazia tanto alarido – disse Bobbie, ainda a tremer de fúria. – Ele não é medricas nenhum.

– Acho que tenho o pé partido – disse Peter, irritado, e sentou-se. Depois ficou muito pálido. A mãe pôs o braço à volta dele.

– *Está* mesmo magoado – disse ela. – Desmaiou. Chega aqui, Bobbie, senta-te e põe a cabeça dele no teu colo.

A seguir, a mãe desapertou as botas de Peter. Ao descalçar-lhe a direita, pingou do pé qualquer coisa para o chão. Era sangue. E quando foi tirada a meia apareceram três feridas encarnadas no pé e no tornozelo de Peter, onde os dentes do ancinho o tinham ferido, e o pé estava coberto de manchas vermelhas.

– Vai depressa buscar água, uma bacia cheia – pediu a mãe, e Phyllis foi a correr. Derramou a maior parte da água e teve de ir buscar mais.

Peter não voltou a abrir os olhos até a mãe lhe ter atado o seu lenço à volta do pé e depois de ela e Bobbie o terem levado e estendido no canapé da sala de jantar. Por essa altura, já Phyllis estava a meio caminho da casa do médico.

A mãe sentou-se ao pé de Peter, lavou-lhe o pé e foi falando com ele. Bobbie foi preparar o lanche.

– É tudo o que posso fazer – disse para consigo. – Oh, e se o Peter morre ou fica aleijado para toda a vida e tem de andar de muletas ou usar botas com uma sola da grossura de um tronco de madeira?

Ficou especada ao pé da porta traseira a reflectir sobre estas sombrias possibilidades, de olhos postos no reservatório de água da chuva.

— Quem me dera nunca ter nascido — disse ela, em voz alta.

— O quê, Deus nos valha, que conversa é essa? — perguntou uma voz. Era Perks, que tinha chegado ao pé dela com uma cesta de madeira cheia de folhas verdes e terra macia.

— Ah, é o senhor — disse ela. — O Peter magoou-se no pé com um ancinho... três feridas deste tamanho, como as dos soldados. E foi em parte por minha culpa.

— Isso é que não foi, aposto o que quiseres — disse Perks. — O doutor já o viu?

— A Phyllis foi chamá-lo.

— Vai ficar bom, vais ver — disse Perks. — Olha, um primo do meu pai espetou uma forquilha por ele adentro e numas poucas semanas estava são como um pêro, a não ser o facto de estar um tanto fraco da cabeça, mas disseram-lhe que era derivado de um golpe de sol na seara e não tinha nada a ver com a forquilha. Lembro-me bem dele. Um camarada de bom coração, mas frágil, se assim se pode dizer.

Bobbie tentou deixar-se animar por esta reminiscência.

— Bom — disse Perks. — Suspeito de que neste momento não queres saber da jardinagem. Mostra-me onde fica o jardim e eu planto o que te trouxe. E gostaria de ficar por cá, se é que posso tomar essa liberdade, até ao doutor chegar para ver o que ele diz. Anima-te. Aposto contigo em como ele não se aleijou. Não será nada de grave, por assim dizer.

Mas era. O médico veio e observou o pé; ligou-o e disse que Peter não podia pôr o pé no chão durante pelo menos uma semana.

– Não vai ficar coxo ou ter de usar muletas para sempre, pois não? – murmurou Bobbie, à porta do quarto, sustendo a respiração.

– Ora essa! Não! – disse o Dr. Forrest. – Vai estar bom daqui a quinze dias, fica tão ligeiro como dantes. Não te preocupes, irmã galinha.

Enquanto a mãe acompanhava o médico ao portão e Phyllis punha a chaleira ao lume, Peter e Bobbie ficaram a sós.

– Ele diz que não vais ficar coxo nem nada – disse Bobbie.

– Oh, claro que não vou, pateta – disse Peter, muito aliviado.

– Peter, *estou* tão arrependida – disse Bobbie, depois de uma pausa.

– Não faz mal – disse Peter, bruscamente.

– Foi *tudo* culpa minha – admitiu Bobbie.

– Tretas – disse Peter.

– Se não tivéssemos brigado, nada disto tinha acontecido. Sabia que não estava certo brigarmos. Quis dizer-te isso, mas não sei porque é que não consegui.

– Não digas disparates – disse Peter. – Não teria parado mesmo que o *tivesses* dito. Provavelmente não. E, além disso, a nossa zanga não teve nada a ver com isto. Podia ter prendido o pé no sacho, ficado sem dedos na cortadora de palha ou rebentado o nariz com fogo de artifício. Ter-me-ia magoado na mesma, estivéssemos a discutir ou não.

– Mas eu sabia que não estava certo brigarmos – disse Bobbie, em lágrimas. – E agora magoaste-te e...

– Olha lá – disse Peter, com firmeza. – Seca essas lágrimas. Se não tens cuidado, transformas-te numa pessoa irritante, escreve o que te digo.

– Não quero ser irritante. Mas é tão difícil evitá-lo quando estamos a tentar ser bons.

(O amável leitor talvez já tenha sentido esta dificuldade.)

– Nada disso – disse Peter. – É uma coisa muitíssimo boa não teres sido tu a magoares-te. Ainda bem que fui *eu*. Pronto! Se tivesses sido tu, estarias agora estendida no sofá com ares de anjo sofredor e a seres o foco de toda a casa. E eu não conseguiria suportá-lo.

– Não estaria, não – disse Bobbie.

– Estarias, sim – disse Peter.

– Estou a dizer-te que não.

– E eu digo-te que sim.

– Oh, meus filhos – ouviu-se a voz da mãe dizer à porta. – Outra vez a brigar? Já?

– Não estamos a brigar... não propriamente – disse Peter. – Era bom que não julgasses que são brigas sempre que nós discordamos!

Quando a mãe voltou a sair, Bobbie irrompeu:

– Peter, *tenho* muita pena que te tenhas magoado. Mas *estás* a ser muito mau ao dizer que sou irritante.

– Está bem – disse Peter, inesperadamente. – Se calhar, estou. De facto, disseste que eu não era medricas, mesmo quando estavas naquela alhada. A única coisa que sugiro é que não sejas irritante, mais nada. Mantém-te atenta e, quando sentires a birra a chegar, para a tempo. Estás a perceber?
– Sim – disse Bobbie. – Estou a perceber.
– Declaremos a *pax* – disse Peter, magnanimamente. – Enterrar o machado de guerra nas profundezas do passado. Selamos isto com um aperto de mão. Na verdade, Bobbie, minha velha irmã, estou cansado.

Permaneceu cansado durante muitos dias e o canapé parecia-lhe duro e desconfortável, mesmo com todas as almofadas e mantas macias. Era terrível não poder ir lá para fora. Deslocaram o canapé para perto da janela e dali Peter podia ver o fumo dos comboios ao longo do vale. Mas não conseguia ver os comboios.

A princípio, Bobbie achou muito difícil ser tão simpática com ele como desejaria, por medo de que ele a julgasse irritante. Mas isso cedo se dissipou e tanto ela como Phyllis foram, como ele observou, uma excelente companhia. A mãe ficava com ele quando as irmãs estavam fora. E as palavras «ele não é medricas nenhum» fizeram com que Peter se mantivesse determinado a não se lamuriar das dores que tinha no pé, embora lhe doesse muito, especialmente de noite.

O elogio, às vezes, ajuda muitíssimo as pessoas.

Houve, também, visitas. A Sr.ª Perks foi lá a casa para saber dele, e o mesmo fizeram o chefe de estação e várias outras pessoas da aldeia. Mas o tempo passava muito, muito devagar.

– Quem me dera ter alguma coisa para ler – disse Peter. – Já li milhares de vezes os livros que temos.

– Vou a casa do Dr. Forrest – disse Phyllis. – De certeza que tem alguns.

– Só quero livros sobre estar doente e sobre as tripas das pessoas – disse Peter.

– Perks tem montes de revistas que ficam nos comboios quando as pessoas se fartam delas – disse Bobbie. – Vou lá abaixo e peço-lhe.

Então, as duas raparigas puseram-se a caminho.

Bobbie encontrou Perks ocupado a limpar lamparinas.

– E como está o nosso rapaz? – perguntou.

– Melhor, obrigada – respondeu Bobbie. – Mas está bastante aborrecido. Vim perguntar-lhe se tem algumas revistas que lhe possa emprestar.

– Ora bem, vejamos... – disse Perks, pesarosamente, esfregando a orelha com um farrapo de algodão preto e oleoso. – Como é que não me lembrei disso? Ainda esta manhã estava a tentar pensar nalguma coisa que o entretivesse e não me ocorreu melhor do que um porquinho da índia. E um conhecido meu vai hoje levar-lhe um, à hora do lanche.

– Que bom! Um verdadeiro porquinho da índia! Ele vai ficar contente. Mas gostava também de ter as revistas.

– Há um problema... – disse Perks. – Acabo de mandar umas quantas para o rapaz dos Snigson, que está a recuperar de uma pneumonia. Mas ainda fiquei com montes de jornais ilustrados.

Voltou-se para a pilha de jornais e tirou uns tantos.

– Pronto! Vou só prendê-los com papel e corda.

Puxou um jornal velho da pilha, abriu-o em cima da mesa e fez um embrulho muito bem feito.

– Aí estão. Têm imensas imagens e se ele quiser pintalgá-las com as suas aguarelas, giz de várias cores ou o que for, por mim, tudo bem. *Já* não os quero.

– É um querido! – disse Bobbie, pegou no pacote e pôs-se a caminho. Os jornais eram pesados e, enquanto passava um comboio, teve de esperar na passagem de nível pousando o pacote na barreira. E olhou distraidamente para os títulos das notícias do embrulho.

De repente, agarrou o embrulho e aproximou a cabeça. Parecia um pesadelo. Foi lendo, mas uma parte do jornal tinha sido arrancada. Não conseguiu ler até ao fim.

Nunca se lembrou de como tinha chegado a casa. Mas foi em bicos de pés para o seu quarto e trancou a porta. Depois desfez o embrulho e leu novamente a notícia, até onde pôde. Quando terminou, deu um longo suspiro.

– Agora já sei – disse para si.

A notícia que lera tinha por cabeçalho «Fim do julgamento. Veredito. Sentença». O nome do homem julgado era o nome do pai. O veredito era «Culpado». E a sentença era de «Cinco anos de prisão».

– Oh, paizinho... – sussurrou ela, amarrotando com força o jornal. – Não é verdade, não acredito. Nunca fizeste isso, nunca, nunca, nunca!

Bateram à porta.

– O que é? – disse Bobbie.

– Sou eu – era a voz de Phyllis. – O lanche está pronto e um rapaz trouxe ao Peter um porquinho da índia. Vem para baixo.

E Bobbie teve de ir.

Capítulo XI
O «cão» da camisola encarnada

Bobbie conhecia agora o segredo. A folha de um jornal velho a embrulhar um pacote, um simples acaso, tinha desvendado o mistério. Teve de descer para o lanche e fingir que não se passava nada. O fingimento foi corajoso e bem executado, mas não muito bem-sucedido.

Quando entrou na sala, todos levantaram os olhos e viram as suas pálpebras inchadas e o seu rosto pálido, coberto de marcas vermelhas do choro.

– Minha querida – sobressaltou-se a mãe, levantando-se da mesa. – O que se passa?

– Dói-me a cabeça – disse Bobbie. E, de facto, doía-lhe.

– Aconteceu alguma coisa? – perguntou a mãe.

– Estou bem, a sério – disse Bobbie e telegrafou-lhe dos seus olhos inchados uma breve e implorante mensagem: «À frente dos outros, *não!*».

O lanche não foi animado. Peter estava tão angustiado pelo óbvio facto de que tinha acontecido alguma coisa a Bobbie, que passou o tempo todo a repetir «Mais pão e manteiga, se faz favor». Phyllis afagou a mão da irmã por baixo da mesa para lhe manifestar a sua simpatia e, pelo meio, derrubou a sua chávena. Foi um alívio para Bobbie ter de ir buscar um pano e limpar o leite derramado. Pensou que aquele lanche era interminável. Porém, tudo tem um fim, e quando a mãe começou a levantar a mesa, Bobbie seguiu-a.

– Vai confessar – disse Phyllis a Peter. – O que terá feito?

– Partiu alguma coisa, calculo – disse Peter. – Mas não precisa de ser tão dramática. A mãe nunca ralha por causa de acidentes desses. Ouve! Sim, estão a ir para cima. Ela está a levar a mãe para lhe mostrar... se calhar partiu um jarro, ou assim.

Na cozinha, Bobbie agarrou na mão da mãe enquanto ela pousava as coisas do lanche.

– O que foi? – perguntou a mãe.

Bobbie disse apenas:

– Vamos lá acima para ninguém nos ouvir.

Quando já estavam sozinhas no quarto dela, trancou a porta e ficou muito quieta, sem palavras.

Ao longo do lanche tinha estado a pensar no que havia de dizer, tinha decidido que «Sei tudo» ou «Já fiquei a saber tudo» ou «O terrível segredo já não é segredo» seriam a maneira certa de dizer. Mas agora que ela, a mãe e essa pavorosa folha de jornal estavam a sós no quarto, percebeu que não conseguia expressar-se.

De repente, correu para a mãe, abraçou-a e desatou a chorar. Mesmo assim, não encontrou palavras, só «Ó mãezinha, ó mãezinha, ó mãezinha», uma e outra vez.

A mãe apertou-a muito contra si e esperou.

Bobbie largou-a e dirigiu-se à cama. Puxou de debaixo do colchão o jornal e mostrou-o, apontando para o nome do pai com um dedo que tremia.

– Oh, Bobbie – gritou a mãe, quando uma rápida olhadela lhe tinha mostrado o que era. – Mas tu não *acreditas* nisso, pois não? Não acreditas que o pai é culpado, certo?

– *Não* – quase gritou Bobbie. Tinha parado de chorar.

– Tens razão – disse a mãe. – Não é verdade. Prenderam-no, mas ele não fez nada de mal. É bom, nobre e honrado. Temos de pensar assim, ter orgulho nele e esperar.

Bobbie agarrou-se novamente à mãe e só conseguia dizer «O meu paizinho, o meu paizinho, o meu paizinho!», uma e outra vez.

– Porque é que não me disseste, mãe? – acabou por perguntar.

– Vais contar aos outros? – perguntou a mãe.

– Não.

– Porquê?

– Porque...

– Exatamente – disse a mãe. – Entendes, então, porque não te contei. Temos de nos ajudar uma à outra e ser corajosas.

– Sim – assentiu Bobbie. – Mãe, ficas mais triste se me contares tudo? Quero perceber o que se passou.

Então, sentada ao lado da mãe, Bobbie ouviu «tudo». Ouviu como aqueles homens, que tinham pedido para falar com o pai naquela última noite, quando a locomotiva estava a ser consertada, tinham vindo prendê-lo, acusando-o de vender segredos de Estado aos russos – de ser, na verdade, um espião e um traidor. Ouviu tudo sobre o julgamento e as provas: cartas, encontradas no escritório do pai, convenceram o júri de que o pai era culpado.

– Como puderam olhar para ele e acreditar nisso? – gritou Bobbie. – E como pode *alguém* fazer uma coisa dessas?

– *Alguém* o fez – disse a mãe. – E todas as provas eram contra o pai. Essas cartas...

– Sim. Como foram essas cartas parar à secretária do pai?

– Alguém as pôs lá. E essa pessoa é o culpado.

– *Deve* estar a sentir-se bastante mal durante este tempo todo – disse Bobbie, pensativa.

– Não creio que tenha quaisquer sentimentos – disse a mãe. – Se os tivesse, não faria uma coisas destas.

– Talvez se tenha limitado a pôr as cartas na secretária do pai para as esconder quando julgou que ia ser descoberto. Mãe, porque é que não dizes aos advogados, ou a alguém, que tem de ter sido essa pessoa? Não há alguém que quisesse prejudicar o pai?

– Não sei... não sei. O homem que substituiu o pai quando esta desgraça aconteceu sempre teve inveja dele, por ser tão inteligente e toda a gente lhe ter tanta consideração. E o paizinho nunca confiou nesse homem.

– Não podíamos explicar isso a alguém?

– Ninguém nos quer ouvir – disse a mãe, amargamente. – Ninguém. Julgas que não tentei tudo? Não, minha querida,

não há nada a fazer. A única coisa que podemos fazer é ter coragem, paciência e... rezar, Bobbie querida.
— Emagreceste tanto, mãe — diz Bobbie.
— Um bocadinho, talvez.
— E acho mesmo que és a pessoa mais corajosa do mundo, além de seres a mais amorosa!
— Não vamos voltar a tocar no assunto, pois não, querida? — pediu a mãe. — Temos de aguentar e ter coragem. E, meu amor, tenta não pensar nisso. Tenta estar bem-disposta, divertir-te e divertir os outros. É muito mais fácil para mim se estiveres contente. Lava essa carinha redonda e vamos um bocado até ao jardim.

Os outros dois foram muito meigos e amáveis com Bobbie. E não lhe perguntaram qual era o problema. Isto fora ideia de Peter. Phyllis teria feito milhares de perguntas.

Uma semana mais tarde, Bobbie fez de tudo para ficar sozinha. E voltou a escrever uma carta. Novamente para o senhor de idade.

A carta dizia:

Meu caro amigo, está a ver esta notícia? Não é verdade. O pai nunca fez isto. A mãe diz que alguém lhe pôs os papéis na secretária e que o subordinado do pai, que depois ficou no lugar dele, tinha inveja, e o pai nunca confiou nele. Ninguém ouve uma palavra do que ela diz, mas o senhor é tão inteligente e tão boa pessoa... e encontrou rapidamente a mulher do russo. Há de conseguir descobrir quem cometeu a traição, porque o pai não foi, palavra de honra. Seria incapaz de fazer tais coisas. E assim eles deixavam-no sair da prisão. É horrível e a mãe está a ficar tão magra. Ela disse-nos uma vez que rezássemos por todos os prisioneiros e cativos. Percebo agora. Oh, ajude-me... só a mãe e eu sabemos, e não podemos fazer nada. O Peter e a Phil não sabem. Rezarei por si duas vezes por dia enquanto for viva, se quiser tentar, nem que seja só tentar, descobrir. Pense como se sentiria se fosse o *seu* pai. Por favor, AJUDE-ME. Com amizade.

Afetuosamente, a sua amiguinha
Roberta

P.S. A mãe enviaria os seus melhores cumprimentos se soubesse que lhe estou a escrever... mas não vale a pena dizer-lhe, não vá o senhor não poder fazer nada. Mas eu sei que poderá.

Recortou do jornal com as grandes tesouras da mãe a notícia do julgamento do pai e meteu o recorte no envelope.

Depois levou-o à estação, saindo pelas traseiras e indo por outro caminho para que os outros não a vissem e se oferecessem para ir com ela. Deu a carta ao chefe de estação para a entregar ao senhor de idade na manhã seguinte.

– Onde é que *foste*? – gritou Peter, do cimo do muro do pátio onde ele e Phyllis estavam.

– À estação – disse Bobbie. – Dá-me a mão, Pete.

Apoiou o pé na fechadura do portão do pátio. Peter estendeu-lhe uma das mãos.

– Mas que raio se passa aqui? – perguntou ela ao chegar ao topo do muro. Phyllis e Peter estavam enlameados. Sob o muro estava um monte de barro molhado e os irmãos tinham um pedaço de ardósia na mão, e por trás de Peter, longe do alcance, havia estranhos objetos arredondados bastante parecidos com salsichas muito gordas, ocos, mas fechados numa das pontas.

– São ninhos – disse Peter. – Ninhos para andorinhas. Vamos secá-los no forno e pendurá-los com cordéis, por baixo dos beirais da cocheira.

– Sim – disse Phyllis. – E depois vamos guardar toda a lã e pelo que arranjarmos para alinhar na primavera, e vais ver que contentes que ficam as andorinhas!

– Tenho pensado muitas vezes que as pessoas não fazem o suficiente pelos animais – disse Peter, dando-se ares de grande virtude. – Acho que, de facto, as pessoas já podiam ter-se lembrado de fazer ninhos para as pobres andorinhas.

– Oh – disse Bobbie, vagamente. – Se toda a gente pensasse em tudo não restava nada em que alguém pensar.

– Olha para os ninhos... não são bonitos? – perguntou Phyllis, estendendo a mão por cima de Peter para agarrar um.

– Cuidado, Phyllis, sua desastrada – disse o irmão. Mas foi tarde de mais, os fortes dedinhos dela tinham esborrachado o ninho. – Pronto, já está.

– Não faz mal – disse Bobbie.

– É um dos meus – afirmou Phyllis. – Por isso não tens nada que refilar, Peter. Nós pusemos a inicial do nosso nome naqueles que fizemos, para que as andorinhas saibam a quem é que devem estar gratas e de quem devem ser amigas.

– As andorinhas não sabem ler, pateta – disse Peter.

– Pateta és tu – retorquiu Phyllis. – Como é que sabes que eles não leem?

– Mas quem é que teve a ideia de fazer os ninhos? – gritou Peter.

– Fui eu – berrou Phyllis.

– Nah – replicou Peter. – O que tu pensaste foi fazer uns de palha e prendê-los na hera à espera das andorinhas, o que faria com que se ensopassem *muito* antes da época de porem os ovos. Fui eu quem disse barro e andorinhas.

– Não me interessa o que disseste.

– Olhem – interrompeu Bobbie. – Já arranjei o ninho. Deem-me um bocadinho de pau para escrever a inicial. Mas como é que vocês fazem? A tua letra e a do Peter são iguais. P de Peter, P de Phyllis.

– Pus F de Phyllis – disse a criança. – É como soa. As andorinhas não soletrariam Phyllis com P, tenho a certeza.

– Elas não sabem soletrar – insistia Peter.

– Então porque é que nos cartões de Natal e de S. Valentim as vemos sempre com letras à volta do pescoço? Como é que saberiam onde ir se não soubessem ler?

– Isso é só nos cartões. Nunca viste uma na vida real com letras à volta do pescoço.

– Está bem, então são os pombos; pelo menos o pai disse-me que as tinham. Só que era debaixo das asas e não à volta dos pescoços, mas o resultado é o mesmo...

– A propósito – interrompeu Bobbie. – Amanhã vão jogar à Lebre e os Cães de Caça.

– Onde? – perguntou Peter.

– Na escola. Perks acha que a princípio a «lebre» correrá ao longo da linha. Nós podíamos ir até à escarpa. Dali vê-se até muito longe.

O jogo da Lebre e os Cães de Caça revelou-se um tema de conversa mais divertido do que a capacidade de leitura das andorinhas. Bobbie assim o tinha esperado. E na manhã seguinte a mãe deixou-os levar o almoço e estarem fora o dia todo para assistir ao jogo.

– Se formos para a escarpa – disse Peter – e não der para ver o jogo, podemos ver os trabalhadores.

É claro que tinha levado algum tempo a limpar as pedras, a terra e as árvores que tinham caído sobre ela aquando do grande deslizamento de terras. Foi nessa ocasião, lembrar-se-ão, que as crianças salvaram o comboio de uma hecatombe agitando as bandeirinhas de flanela encarnada dos saiotes. É sempre interessante ver pessoas a trabalhar, especialmente quando trabalham com coisas tão interessantes como pás, picaretas, enxadas, pranchas e carrinhos de mão, quando têm fogos com brasas vermelhas a arder em potes de ferro com buracos redondos e junto de lamparinas penduradas de noite. É claro que as crianças nunca saíam de noite, mas uma vez, ao anoitecer, Peter saiu pela claraboia do seu quarto até ao telhado, e viu a lamparina brilhar ao longe na borda da escarpa. As crianças tinham assistido muitas vezes aos trabalhos, e agora o interesse de picaretas, pás e carrinhos de mão a rolar sobre pranchas distraíra-os do jogo. Por isso, deram um salto quando ouviram uma voz mesmo atrás deles a arquejar «Deixem-me passar, se faz favor». Era a «lebre» – um rapaz ágil, de estatura larga, com o cabelo preto e liso colado à testa muito húmida. O saco de papel rasgado que levava debaixo do braço estava pendurado num dos ombros por uma correia. As crianças deram um passo atrás. A «lebre» correu ao longo da linha e os trabalhadores encostaram-se às picaretas para o ver passar. Foi correndo a bom ritmo e desapareceu na boca do túnel.

– Isto é contra o regulamento – disse o capataz.

– Para quê preocuparmo-nos? – disse o trabalhador mais velho. – «Viver e deixar viver» é o meu lema. Esqueceu-se de que já teve aquela idade, Sr. Bates?

– Devia fazer queixa – disse o capataz.

– Porquê ser desmancha-prazeres?

– Os passageiros estão proibidos de atravessar a linha sob qualquer pretexto – murmurou o capataz.

– Ele não é um passageiro – disse um dos trabalhadores.

– Não atravessou a linha, pelo menos que eu visse – disse outro.

– E foi sem intenção – disse um terceiro.

– E – continuou o trabalhador mais velho – já nem o vemos. Naquilo que os olhos não veem, o coração não precisa de reparar, é o que digo sempre.

E agora, seguindo na peugada da «lebre» pelas pequenas manchas brancas de papel, vieram os «cães». Eram trinta e desceram os degraus íngremes aos uns, dois, três, seis e setes. Bobbie, Phyllis e Peter contaram-nos à medida que passavam. Os primeiros hesitaram um momento ao pé da escada, depois captaram o brilho da brancura espalhada ao longo da linha e viraram-se para o túnel e, aos uns, dois, três, seis e setes, desapareceram pela sua boca negra. O último, de camisola encarnada, quase pareceu ter sido apagado pela escuridão, como uma vela que é soprada.

— Não sabem o que os espera — disse o capataz. — Não é assim tão fácil correr no escuro. O túnel tem duas ou três curvas.

— Vão demorar um bom bocado a atravessá-lo, não acha? — perguntou Peter.

— Uma hora ou mais, não me espantaria.

— Então vamos pelo topo para vê-los sair na outra ponta — disse Peter. — Devemos lá chegar muito antes deles.

A sugestão parecia boa e foram.

Treparam os íngremes degraus, de onde tinham colhido as flores de cerejeira para a sepultura do coelhinho, em direção ao cimo da escarpa, até verem o túnel. Tarefa árdua.

— É como os Alpes — disse Bobbie, sem fôlego.

— Ou os Andes — disse Peter.

— É como o Himi... ai, como é que se chama? — arfou Phyllis.

— O Monte *Everlasting*. Vamos parar.

— Aguenta por agora — disse Peter, ofegante. — Já vais recuperar o fôlego.

Phyllis consentiu em aguentar, e lá prosseguiram, correndo onde o terreno era plano e a inclinação suave, escalando rochas, ajudando-se com os ramos das árvores, esgueirando-se através das estreitas aberturas entre os troncos, por ali fora, até que se encontraram no topo da colina, onde tantas vezes tinham desejado estar.

— Alto! — gritou Peter e atirou-se ao comprido para cima da relva. O topo da colina era um planalto de solo arrelvado, salpicado de rochas musgosas e pequenas sorveiras.

As raparigas também se atiraram para o chão.

— Temos muito tempo — arfou Peter. — Depois é sempre a descer.

Quando recuperaram o suficiente para olhar em volta, Bobbie gritou:

— Vejam só!

— O quê? — perguntou Phyllis.

— Esta vista — disse Bobbie.

— Detesto vistas — disse Phyllis. — Tu não, Peter?

— Vamos continuar — disse Peter.

— Mas isto não é uma vista como quando estamos à beira-mar, que é só mar, areia e colinas despidas. É como os «países coloridos» de um dos livros de poesia da mãe — disse Bobbie.

— Não é tão poeirenta — disse Peter. — Vejam o aqueduto encavalitado no vale de uma ponta à outra, como uma centopeia gigante. E depois as cidades com os pináculos das suas igrejas a saírem de entre as árvores, como canetas espetadas num tinteiro. *Eu* cá acho que é mais como

*Ali podia ele as bandeiras ver
de doze belas cidades, a brilhar.*
— Eu adoro — confessou Bobbie. — Só isto vale a escalada.
— O jogo é que vale a escalada — disse Phyllis. — Se não o perdermos. Vamos andando. Agora é sempre a descer.
— Isso disse *eu* há dez minutos — disse Peter.
— Bom, agora quem o disse fui *eu* — disse Phyllis. — Vamos.
— Temos montes de tempo — disse Peter. E tinham. Quando desceram até ao nível do topo da boca do túnel estavam a centenas de metros do ponto que tinham calculado e tiveram de rastejar ao longo do flanco da colina. Não havia sinal da «lebre» ou dos «cães».

— Já passaram há muito tempo — disse Phyllis, enquanto se debruçavam por cima do túnel.

— Acho que não — disse Bobbie. — Mas mesmo que tenham passado, isto aqui é magnífico e poderemos ver os comboios a sair do túnel como dragões dos seus covis. Nunca vimos isso aqui de cima.

— Lá isso não — assentiu Phyllis, parcialmente apaziguada.

Era efetivamente um sítio excitante para se estar. O topo do túnel ficava muitíssimo mais distante da linha do que eles esperavam e era como estar numa ponte, mas uma ponte coberta de arbustos, trepadeiras, relva e flores selvagens.

— Eu *sei* que a corrida já passou há muito — dizia Phyllis de dois em dois minutos. Não teve a certeza de ficar contente ou desapontada quando Peter, debruçado sobre o túnel, gritou:

— Olhem. Ali vêm eles!

Todos se debruçaram sobre o muro de tijolo aquecido pelo sol para ver a «lebre», caminhando muito devagar, sair da escuridão do túnel.

— Pronto — disse Peter. — O que é que vos tinha dito? Agora hão de vir os «cães»!

Os cães chegaram logo a seguir, aos uns, dois, três, seis e setes, e também vinham devagar e muito cansados. Dois ou três que tinham ficado para trás saíram muito depois dos outros.

— Pronto — disse Bobbie. — Já está, o que havemos de fazer agora?

— Ir até ao bosque e almoçar — disse Phyllis. — Podemos vê-los à distância.

— Ainda não — disse Peter. — Aqueles não são os últimos. Ainda falta o da camisola encarnada. Vamos ver até saírem todos.

Embora esperassem, o «cão» da camisola encarnada não apareceu.

— Vá, vamos almoçar — disse Phyllis. — Já me dói o estômago. Vocês não devem ter visto o da camisola encarnada quando ele saiu com os outros...

Mas Bobbie e Peter concordaram em como ele não tinha saído com os outros.

— Vamos lá abaixo à boca do túnel — sugeriu Peter. — Talvez consigamos vê-lo. Se calhar está estafado e ficou a descansar num dos bueiros. Fica aqui em cima de vigia, Bob, e quando eu fizer sinal lá de baixo, tu desces. Podíamos não vê-lo na descida, com estas árvores todas.

Bobbie esperou até lhe fazerem sinal. Então, seguiu pelo escorregadio sendeiro abaixo, entre raízes e musgo, até sair por entre dois abrunheiros e se juntar aos irmãos na linha do comboio. E continuava a não haver sinal do «cão» da camisola encarnada.

– Oh, vamos lá, vamos lá comer qualquer coisa – gemeu Phyllis. – Morro se não comer e depois vocês arrependem-se.

– Dá-lhe as sanduíches, pelo amor de Deus, e cala-lhe o raio da boca – disse Peter, sem verdadeira antipatia. – Olha – acrescentou, virando-se para Bobbie –, talvez fizéssemos bem em comer também. Podemos precisar de todas as nossas forças. Mas só uma. Não há tempo.

– O quê? – perguntou Bobbie, com a boca já cheia, pois estava com tanta fome como Phyllis.

– Não estás a perceber – replicou Peter. – O «cão» da camisola encarnada teve um acidente, essa é que é essa. Talvez neste preciso momento esteja estendido com a cabeça nos carris, presa indefesa para qualquer expresso que passe...

– Oh, não tentes falar como num livro – gritou Bobbie, engolindo o que restava da sanduíche. – Vamos. Phil, mantém-te perto, atrás de mim, e se vier um comboio, encosta-te à parede do túnel e segura as saias contra ti.

– Dá-me mais uma sanduíche – implorou Phyllis – e eu vou.

– Eu vou primeiro – disse Peter. – A ideia foi minha.

Claro que o leitor sabe como é entrar num túnel. A locomotiva solta um ruído e, depois de entrar, torna-se diferente e muito mais barulhenta. As pessoas crescidas fecham as janelas, prendendo-as nas presilhas. Na carruagem parece de noite – acendem-se as luzes, a não ser que se esteja num comboio regional, onde nem sempre as há. Pouco a pouco, a escuridão vai dando lugar à luz, o som do comboio retoma o seu ruído normal, e estamos novamente a céu aberto. As pessoas crescidas abrem as janelas, agora bastante embaciadas. Voltamos a ver os carris, as linhas telegráficas e as sebes.

Tudo isto, obviamente, é o que um túnel significa quando estamos num comboio. Mas é bastante diferente quando entramos pelo nosso próprio pé e pisamos as pedras instáveis e escorregadias, e o cascalho, numa inclinação que vai dos carris até à parede. Vemos depois os fios de água viscosos e purulentos que escorrem no interior e reparamos que os tijolos não são vermelhos ou castanhos, como na boca do túnel, mas antes baços, pegajosos e de um verde bolorento. A nossa voz muda bastante e demora muito até o túnel ficar escuro.

Ainda não tinham chegado à escuridão do túnel quando Phyllis se agarrou à saia de Bobbie, descosendo meio metro de pregas (ninguém reparou na altura).

– Quero voltar para trás – pediu. – Não gosto nada disto. Daqui a pouco vai estar escuro como breu. *Não vou* entrar no escuro. Digam vocês o que disserem, *não vou*.

– Não sejas parva – disse Peter. – Tenho um pedaço de vela e fósforos... o que é aquilo?

«Aquilo» era um fraco zumbido na linha do comboio, um tremor das linhas, um zumbido, um murmúrio que se tornava cada vez mais sonoro.

— É um comboio — afirmou Bobbie.

— Em que linha?

— Deixem-me voltar para trás — gritou Phyllis, esforçando-se por se libertar da mão pela qual a segurava Bobbie.

— Não sejas medricas — disse Bobbie. — É bastante seguro. Chega-te para trás.

— Vamos — ordenou Peter, que seguia uns quantos metros à frente. — Depressa! Bueiro!

O rugido do comboio que vinha era agora mais alto do que o ruído que ouvimos quando estamos num banho de imersão, com a cabeça debaixo de água e ambas as torneiras abertas, e os calcanhares a bater em ambos os lados da banheira. Mas Peter tinha gritado com todas as forças e Bobbie ouviu-o. Arrastou Phyllis com ela para o bueiro. Phyllis, é claro, tropeçou e arranhou os joelhos. Mas eles puxaram-na e ficaram na reentrância escura e húmida enquanto o comboio rugia cada vez mais alto. Parecia capaz de ensurdecê-los. E, na distância, viam os seus olhos de fogo cada vez maiores e mais brilhantes.

— É um dragão, sempre soube! Assume a verdadeira forma aqui no escuro — gritou Phyllis. Mas ninguém a ouviu. Como sabem, o comboio também estava a gritar e a sua voz era mais sonora do que a dela.

E agora, com um sopro, um rugido, um chocalhar, um longo e ofuscante clarão das janelas iluminadas das carruagens, um cheiro a fumo e uma rajada de ar quente, o comboio passou como um furacão, ressoando, tilintando e ecoando no teto do túnel. Até Peter se agarrou ao braço de Bobbie, «para o caso de ela se assustar», como explicou mais tarde.

E agora, lenta e gradualmente, as luzes traseiras tornaram-se menores, assim como o ruído, até que com um último estrondo o comboio se retirou do túnel e o silêncio instalou-se nas paredes húmidas e no teto gotejante.

– Ah! – disseram as crianças num sussurro, todas ao mesmo tempo.

Peter estava a acender a vela com uma mão trémula.

– Vamos – disse, mas teve de aclarar a garganta antes de conseguir falar com a sua voz natural.

– E se o «cão» da camisola encarnada estava no caminho do comboio? – perguntou Phyllis.

– Temos de ir ver – disse Peter.

– Não podíamos ir chamar alguém da estação? – sugeriu Phyllis.

– Preferias esperar aqui por nós? – perguntou Bobbie, de forma severa, o que resolveu a questão.

Assim, lá seguiram os três pela escuridão do túnel. Peter ia à frente, com a vela acesa bem alta para iluminar o caminho. A cera corria-lhe pelos dedos e até pelo braço. Quando se deitou nessa noite, encontrou uma longa linha de cera desde o pulso ao cotovelo.

Não se tinham afastado mais de uns cento e cinquenta metros do lugar onde estavam aquando da passagem do comboio, quando Peter se deteve, gritou «Olá» e prosseguiu muito mais depressa do que anteriormente. Quando as irmãs o apanharam, parou. E parou a menos de um metro daquilo que procuravam quando entraram no túnel. Phyllis viu um reflexo vermelho e fechou os olhos com força. Ali, ao lado da linha descendente, curva e pedregosa, estava o «cão» da camisola encarnada, encostado à parede, os braços pendiam-lhe flacidamente ao longo dos flancos e tinha os olhos fechados.

– O vermelho era sangue? Está morto? – perguntou Phyllis, apertando ainda mais as pálpebras.

– Morto? Que disparate! – disse Peter. – Não há nada vermelho nele exceto a camisola. Está só desmaiado. O que havemos de fazer?

– Conseguimos levá-lo? – perguntou Bobbie.

– Não sei, é um tipo grande.

– Podíamos molhar-lhe a testa com água. Sim, eu sei que não temos, mas o leite também serve. Temos uma garrafa inteira.

– Sim – assentiu Peter. – E também se costuma esfregar as mãos das pessoas, acho eu.

– Queimam penas – disse Phyllis.

– De que serve dizer isso quando não temos penas?

– Por acaso – disse Phyllis, num tom de triunfo –, tenho no bolso um volante de badminton. Ora, toma e embrulha!

E Peter começou a esfregar as mãos do «cão» da camisola encarnada. Bobbie queimou as penas do volante uma a uma debaixo do nariz dele e Phyllis salpicou leite morno na sua testa, enquanto diziam tão depressa e tão fervorosamente quanto puderam:

– Abre os olhos, fala comigo! Por favor, acorda.

Capítulo XII
O que Bobbie levou para casa

– Abre os olhos, fala comigo! Por favor, acorda.
As crianças disseram estas palavras uma e outra vez ao rapaz inconsciente de camisola encarnada, sentado de olhos fechados e com a cara pálida, de costas apoiadas na parede do túnel.
– Molha-lhe as orelhas com o leite – disse Bobbie. – Sei que fazem isso a pessoas que desmaiam, mas com água-de-colónia. Suponho que o leite também sirva.
Lá lhe molharam as orelhas e algum do leite escorreu-lhe pelo pescoço, para dentro da camisola encarnada. Estava muito escuro no túnel. O pedaço de vela que Peter tinha transportado, e que ardia agora assente numa pedra, não conseguia iluminar o suficiente.
– Por favor, abre os olhos – disse Phyllis. – Por *nós*! Acho que está morto.
– Por *nós*! – repetiu Bobbie. – Não, não está.
– Por *quem quer que seja* – disse Peter. – Mas acorda – e abanou-o pelo braço.

Ao que o rapaz de camisola encarnada deu um suspiro, abriu os olhos e fechou-os outra vez, dizendo em voz baixa:
— Caramba...
— Oh, *não* está morto — disse Phyllis. — Eu *sabia* que não estava — e começou a chorar.
— O que se passa? Estou bem — disse o rapaz.
— Bebe isto — disse Peter, firmemente, enfiando o gargalo da garrafa de leite na boca do rapaz. O rapaz debateu-se e algum do leite derramou-se antes de ele conseguir libertar a boca para dizer:
— O que é isto?
— É leite — respondeu Peter. — Não tenhas medo, estás nas mãos de amigos. Phil, para imediatamente de choramingar.
— Bebe — disse Bobbie, suavemente. — Vai fazer-te bem.
Ele bebeu. Ninguém disse palavra.
— Deixem-no sossegado um minuto — sussurrou Peter. — Vai ficar bem logo que o leite comece a correr como fogo pelo seu corpo.
E assim foi.
— Estou melhor — anunciou. — Já me lembro de tudo — tentou mexer-se, mas o movimento acabou num grunhido. — Bolas! Acho que parti uma perna.
— Tropeçaste? — perguntou Phyllis, fungando.
— Claro que não, não sou um miúdo — disse o rapaz, indignado. — Foi um daqueles malditos fios que me pregou uma rasteira e quando tentei levantar-me não consegui manter-me em pé, pelo que me sentei. C'os diabos! Isto dói. Como é que *vocês* vieram aqui parar?

— Vimos-vos a entrar no túnel e depois fizemos um atalho pela colina para vos ver sair. E saíram todos, menos tu. Então, agora somos um grupo de resgate – disse Peter, com orgulho.

— Não vos falta coragem, reconheço – observou o rapaz.

— Oh, não foi nada de mais – disse Peter, com modéstia.

— Achas que consegues andar se te ajudarmos?

— Posso tentar – disse o rapaz.

Tentou. Mas só conseguia apoiar-se numa perna; a outra arrastava de uma maneira preocupante.

— Vá lá, deixem-me sentar. Sinto-me a morrer... larguem-me, depressa – sentou-se e fechou os olhos. As crianças entreolharam-se à luz ténue da pequena vela.

— Que raio – disse Peter.

— Tens de ir pedir ajuda. Vai à casa mais próxima – disse Bobbie, rapidamente.

— Sim, é a única coisa a fazer – disse Peter. – Vamos.

— Se o pegares pelos pés e a Phil e eu pelos ombros, podemos levá-lo até ao bueiro.

Fizeram-no. Talvez tenha sido melhor para o rapaz ter voltado a desmaiar.

— Agora – disse Bobbie –, eu fico ao pé dele. Tu levas um pedaço de vela e... despacha-te, que este pedaço não vai arder muito mais.

— Não me parece que a mãe gostasse muito que te deixasse sozinha – disse Peter, hesitante. – Fico eu, e tu e a Phil vão pedir socorro.

– Não, não – disse Bobbie. – Tu e a Phil vão. E empresta-me o teu canivete. Tentarei tirar-lhe a bota antes que ele volte a acordar.

– Espero estarmos a fazer a coisa certa – disse Peter.

– Claro que sim – disse Bobbie, impacientemente. – O que *quererias* tu fazer? Deixá-lo aqui sozinho no escuro? Que disparate. Vá, despacha-te.

E despacharam-se.

Bobbie observou as suas sombras e a luzinha da vela com o estranho sentimento de ter chegado ao fim de tudo. Sabia agora, pensou, o que sentiam as freiras entaipadas entre as paredes do convento. «Não sejas criancinha», disse para si. Ficava sempre muito zangada quando alguém lhe chamava criancinha, mesmo que o adjetivo aplicado à designação não fosse «parva», mas antes «linda», «boa» ou «esperta». E só quando estava muito zangada consigo mesma é que autorizava Roberta a aplicar essa expressão a Bobbie.

Pousou o pequeno pedaço de vela num tijolo partido próximo dos pés do rapaz de camisola encarnada. Depois abriu o canivete de Peter. Tinha sempre alguma dificuldade. Normalmente, precisava de uma moeda para conseguir abri-lo. Desta vez, Bobbie abriu-o com a unha do polegar. Partiu a unha e doeu-lhe horrores. Depois, cortou os atacadores e descalçou a bota ao rapaz. Tentou tirar-lhe a meia, mas a perna estava inchada e não parecia ter o feitio normal. De maneira que ela cortou a meia de alto a baixo, muito lenta e cuidadosamente. Era uma meia de malha castanha, e ela pensou em quem lha teria tricotado, se teria sido a mãe, e se ela estaria preocupada e como se sentiria quando o visse de perna partida. Assim que lhe tirou a meia e viu a pobre perna, sentiu o túnel escurecer e o chão fugir-lhe de debaixo dos pés. Nada parecia real.

– És uma criancinha parva – disse Roberta a Bobbie, e sentiu-se melhor. – Pobre perna – disse para consigo. – Devia ter uma almofada... bah!

Lembrou-se do dia em que ela e Phyllis rasgaram os seus saiotes de flanela encarnada para fazerem os sinais de perigo, detendo o comboio e evitando o desastre. A sua saia de hoje era branca, mas seria tão macia como a encarnada. Tirou-a.

– Oh, que úteis são os saiotes! – comentou. – O homem que os inventou merecia que lhe erigissem uma estátua – disse isto em voz alta, porque parecia que qualquer voz, mesmo a sua, era um consolo naquela escuridão.

– O que é que devia ser erigido? A quem? – perguntou o rapaz, repentina e muito debilmente.

– Oh! – exclamou Bobbie. – Já estás melhor! Agora, cerra os dentes para que não te doa mais.

Tinha dobrado o saiote e levantado a perna dele, pousando-a por cima.

– Não desmaies outra vez, *por favor*, não desmaies – implorou Bobbie. Apressou-se a molhar o lenço dela com leite e estendeu-lho sobre a pobre perna.

– Au, isso dói – gritou o rapaz, encolhendo-se. – Oh... não, por acaso não... é agradável, até.

– Como te chamas? – perguntou Bobbie.

— Jim.
— Eu chamo-me Bobbie.
— Mas és uma rapariga, não és?
— Sou, o meu nome por extenso é Roberta.
— Olha, Bobbie...
— Sim?
— Vocês não eram mais há bocadinho?
— Éramos, sim. O Peter e a Phil, o meu irmão e a minha irmã, foram buscar alguém para te tirar daqui.
— Que nomes péssimos. Tudo nomes de rapaz.
— Sim... é bem bom ser rapaz, não achas?
— Acho que estás muito bem assim.
— Não era bem isso que queria dizer. Era se não gostavas *tu* de ser rapaz, mas claro, sendo já rapaz, não precisas de ter essa ambição.
— És tão corajosa como qualquer rapaz. Porque não foste com os outros?
— Alguém tinha de ficar contigo — disse Bobbie.
— Vou dizer-te uma coisa, Bobbie — anunciou Jim. — És uma preciosidade — estendeu um braço envolto numa manga encarnada e Bobbie apertou-lhe a mão.
— Não posso apertar muito — explicou ela —, porque poderia magoar-te. Tens um lenço?
— Acho que não — apalpou o bolso. — Por acaso, tenho. Para que é?
Bobbie pegou nele, molhou-o no leite e pôs-lho na testa.
— Sabe bem — disse. — O que é?
— Leite — respondeu Bobbie. — Não temos água...

– És uma autêntica enfermeirazinha – disse Jim.

– Faço isto à mãe, às vezes – disse Bobbie. – Não com leite, claro, com perfume ou vinagre e água. Bem, tenho de apagar a vela agora, porque pode não sobrar o suficiente para te levarmos.

– Bem... pensas em tudo.

Bobbie soprou. Apagou-se a vela. Não fazem ideia do negrume que ficou.

– Ouve, Bobbie – disse uma voz no escuro. – Não tens medo do escuro?

– Não... isto é, não muito...

– Vamos dar a mão – disse o rapaz. Foi bastante generoso, porque ele era como muitos rapazes da sua idade e odiava todas as manifestações de afeto, tais como dar beijos ou dar as mãos. Costumava chamar-lhe «dar as manápulas».

A escuridão era mais suportável para Bobbie agora que a mão dela segurava a mão grande e áspera do paciente da camisola encarnada. E ele ficou surpreendido por não lhe custar tanto como esperava segurar naquela «manápula» macia e quente. Ela tentou falar para o entreter e distrair das suas dores, mas é muito difícil continuar a falar no escuro e acabaram por ficar em silêncio, só quebrado de vez em quando por um «Estás bem, Bobbie?» ou um «Suspeito de que te deve doer terrivelmente, Jim. *Tenho* muita pena».

E fazia muito frio.

* * *

Peter e Phyllis calcorrearam o longo caminho que levava pelo túnel fora até à luz dia, com a cera da vela a gotejar sobre os dedos de Peter. Não sofreram acidentes, sem contar que Phyllis prendeu o vestido num arame, fazendo nele um longo rasgão, tropeçou num dos seus atacadores e caiu em cima das mãos e dos joelhos, arranhando os quatro.

– Este túnel nunca mais acaba – disse Phyllis. Parecia, de facto, muito, muito comprido.

– Não desistas – disse Peter. – Tudo tem um fim e chegamos lá se não desistirmos.

O que é totalmente verdadeiro, se pensarmos bem, e uma coisa útil a recordar em momentos difíceis, como no sarampo, na aritmética, em obrigações ou naqueles momentos em que caímos em desgraça e nos parece que nunca ninguém gostará de nós e que nós nunca mais voltaremos a amar.

– Hurra – disse Peter, repentinamente. – Ali está o fim do túnel. Parece mesmo o buraco de um alfinete num pedaço de papel preto, não parece?

O buraco de alfinete foi aumentando: havia luzes azuis ao longo dos lados do túnel. As crianças viam o caminho de cascalho que se estendia à sua frente, o ar estava cada vez mais quente e doce. Mais vinte passos e estavam a sair para a bela luz do sol, com árvores de um lado e doutro.

Phyllis respirou fundo.

– Nunca mais na minha vida entro num túnel – disse ela. – Nem que haja lá duzentos mil milhões de «cães» de camisola encarnada e com as pernas partidas.

– Não sejas parva – disse Peter, como de costume. – Não *tinhas* outro remédio.

– Eu cá acho que foi muito corajoso e generoso da minha parte – disse Phyllis.

– Nada disso – disse Peter. – Não entraste lá por seres corajosa, mas porque a Bobbie e eu não somos nenhuns garotos. O que gostava de saber agora é onde estará a casa mais próxima. Não consigo ver nada por causa das árvores.

– Há ali um telhado – disse Phyllis, apontando para lá da linha.

– Aquilo é a casota do sinaleiro – disse Peter. – E sabes muito bem que não nos é permitido falar com o sinaleiro quando está de serviço. É proibido.

– Não tenho tanto medo de fazer coisas proibidas como tive quando entrei naquele túnel – disse Phyllis. – Vamos – e começou a correr ao longo da linha. Peter também correu.

Estava muito calor ao sol e ambas as crianças estavam em brasa e sem fôlego quando pararam e, inclinando as cabeças para trás para olhar para as janelas abertas da casota do sinaleiro, gritaram «Olá!» o mais alto que lhes consentiu o seu estado. Mas não houve resposta. A casota do sinaleiro manteve-se tão silenciosa como um quarto de crianças vazio, e o corrimão da escada estava quente sob as mãos das crianças, que subiam os degraus devagarinho. Espreitaram pela porta aberta. O sinaleiro estava sentado numa cadeira com as costas inclinadas de encontro à parede. Tinha a cabeça de lado e a boca aberta. Estava ferrado a dormir.

— Ó homem! — gritou Peter. — Acorde! — e disse-o numa voz assustada, pois sabia que se um sinaleiro adormece no seu posto corre o risco de perder o emprego, sem falar em todos os riscos que correm os comboios que esperam que ele lhes diga quando é seguro seguirem o seu caminho.

O sinaleiro não se mexeu. Então, Peter saltou até ele e abanou-o. E lentamente, bocejando e espreguiçando-se, o homem acordou. Mas logo que *ficou* acordado, pôs-se de pé num salto, levou as mãos à cabeça «como um doido varrido», como disse Phyllis depois, e gritou:

— Oh, céus, que horas são?

— Meio dia e treze — disse Peter, e era de facto o que marcava o relógio redondo na parede da casota do sinaleiro.

O homem olhou para o relógio, saltou para as alavancas e puxou-as para um lado e para o outro. Retiniu uma campainha elétrica, os fios e manivelas rangeram e o homem atirou-se para uma cadeira. Estava muito pálido e tinha gotas de suor na testa, «como grandes gotas de orvalho numa couve branca», observou mais tarde Phyllis. Estava trémulo; as crianças viam as suas grandes mãos peludas a tremer de um lado para o outro, com «tremores bastante ultra grandes», para usar as subsequentes palavras de Peter. Respirou fundo várias vezes. Depois, repentinamente, gritou:

— Graças a Deus, graças a Deus que vocês chegaram quando chegaram... graças a Deus! — e os seus ombros começaram a mover-se convulsivamente, o seu rosto ficou vermelho outra vez e escondeu-o naquelas suas mãos grandes e peludas.

– Oh, não chore, não chore – disse Phyllis. – Agora está tudo bem – e dava-lhe pancadinhas no ombro grande e largo, enquanto Peter lhe batia conscienciosamente no outro.

Mas o sinaleiro parecia bastante arrasado e as crianças tiveram de dar-lhe pancadinhas nos ombros durante bastante tempo, até ele encontrar o seu lenço, um lenço encarnado com ferraduras malvas e brancas, limpar a cara e falar. Durante o tempo das pancadinhas passou um comboio.

– Estou absolutamente envergonhado, é o que é – foram as palavras do sinaleiro quando parou de chorar. – Choramingando como um miúdo – depois subitamente pareceu zangado.

– E o que estavam vocês a fazer aqui, de qualquer maneira? – perguntou. – Sabem que não é permitido.

– Sim – disse Phyllis. – Sabíamos que era proibido, mas eu não tive medo de fazer uma coisa proibida e acabou tudo em bem. Não lamenta com certeza que tenhamos vindo.

– Deus nos valha se não tivessem vindo – parou e depois continuou. – É uma vergonha, é sim senhor, dormir em serviço. Se viesse a saber-se, mesmo que não tenha acontecido nenhuma desgraça...

– Não virá a saber-se – disse Peter. – Não somos delatores. De qualquer maneira, não devia dormir quando está de serviço, é perigoso.

– Como se eu não soubesse – disse o homem. – Mas não consigo evitá-lo. Sabia que isto ia acabar por acontecer. Não consegui ser dispensado, não arranjaram ninguém para me substituir. Digo-vos que não tive dez minutos de descanso nestes últimos cinco dias. O meu pequeno está doente, tem uma pneumonia, diz o médico, e não há ninguém que cuide dele tirando eu e a irmãzinha pequena. A pequena tem de dormir, por isso... Perigoso? Claro, tens razão. Agora vão e façam queixa de mim, se quiserem.

– Claro que não o faremos – disse Peter, indignado, mas Phyllis ignorou o discurso do sinaleiro, exceto as primeiras cinco palavras.

– Como se não soubesse? – disse ela. – Pois bem, vou contar-lhe uma coisa que não sabe. Está um rapaz naquele túnel com uma camisola encarnada e uma perna partida.

– Por que raio se meteu ele no raio do túnel? – perguntou.

– Não esteja tão zangado – disse Phyllis, amavelmente. – *Nós* não fizemos nada de mais a não ser vir cá acordá-lo.

Então, Peter contou como fora o rapaz parar ao túnel.

– Bom – disse o homem. – Não vejo o que possa eu fazer. Não posso abandonar os sinais.

– Mas podia dizer-nos onde procurar alguém que não esteja de volta de sinais – disse Phyllis.

– Há a quinta dos Brigden ali adiante, onde se vê fumo – indicou o homem, cada vez mais rezingão, conforme notou Phyllis.

– Bom, então, adeus – disse Peter.

Mas o homem disse:

– Esperem um minuto – meteu a mão no bolso e tirou de lá algum dinheiro. Ofereceu-lhes duas moedas.

– Aqui está – disse ele. – Isto é para não darem à língua sobre o que se passou aqui hoje.

Houve uma curta e desagradável pausa. Depois:
— O senhor *é* mesmo um traste, não é? — disse Phyllis.

Peter deu um passo em frente e sacudiu a mão do homem de tal forma que as moedas saltaram pelo ar e rolaram pelo chão.

— Se alguma coisa *poderia* fazer-me denunciá-lo, era *isto*! — disse. — Vem, Phil — e caminhou para fora da casota do sinaleiro com as bochechas a arder.

Phyllis hesitou. Depois pegou na mão, ainda estendida, onde tinham estado as moedas.

— Desculpo-lhe — disse ela. — Mesmo que o Peter não lhe desculpe. O senhor não está em si ou nunca teria feito isso. Eu sei que a falta de sono põe as pessoas malucas. Foi a mãe que me disse. Espero que o seu filhinho melhore em breve e...

— Vamos, Phil — gritou Peter, impacientemente.

— Dou-lhe a minha palavra de honra que nunca diremos nada a ninguém. Dê-me um beijo e ficamos amigos — disse Phyllis, achando quão nobre era da sua parte tentar fazer as pazes numa situação em que ela não tinha culpa nenhuma.

O sinaleiro inclinou-se e deu-lhe um beijo.

— Creio que de facto estou um bocadinho fora de mim — confessou. — Agora corre para casa, para a tua mãe. Não quis incomodar-vos.

Com isto, Phil abandonou a casota do sinaleiro e seguiu Peter, através do campo, para a quinta.

Quando os homens da quinta, guiados por Peter e Phyllis e carregando uma padiola coberta de mantas de cavalos, chegaram ao bueiro do túnel, Bobbie estava a dormir e Jim também. Esgotado com as dores, concluiu depois o médico.

– Onde é que ele vive? – perguntou o fazendeiro, assim que puseram Jim na maca.

– Em Northumberland – respondeu Bobbie.

– Sou da escola de Maidbridge – disse Jim. – Deveria estar agora a voltar para lá, por isso, suponho que é para onde têm de levar-me.

– Parece-me que o doutor deveria ver isso primeiro – disse o fazendeiro.

– Oh, levem-no para nossa casa – disse Bobbie. – Não é nada longe da estrada. Tenho a certeza de que a mãe diria que devíamos.

– A sua mãezinha vai gostar que leve para casa estranhos de pernas partidas?

– Foi ela própria quem levou para casa o pobre russo – disse Bobbie. – Estou certa de que diria que sim.

– Muito bem – disse o fazendeiro. – A menina deve saber o que a sua mãe gosta ou não. Eu não assumiria a responsabilidade de o transportar para nossa casa sem antes ter perguntado à patroa. E chamam-me chefe e tudo.

– Tens a certeza de que a tua mãe não se importa? – sussurrou Jim.

– Absoluta – disse Bobbie.

– Levamo-lo então para as Três Chaminés? – interrompeu o fazendeiro.

– Claro – disse Peter.

– Então, o meu rapaz pega na bicicleta, dá um salto a casa do médico e diz-lhe que vá lá ter. Vá, rapazes, levantem-no com cuidado e segurança. Um, dois, três!

* * *

A mãe, ocupada a escrever, como se a sua vida dependesse disso, uma história sobre uma duquesa, um vilão ardiloso, uma passagem secreta e um testamento desaparecido, deixou cair a caneta ao escancarar-se a porta do quarto onde escreve. Voltou-se e viu Bobbie sem chapéu e vermelha.
– Mãe! – gritou ela. – Vem, depressa! Encontrámos no túnel um «cão» de camisola encarnada, com a perna partida, e estão a trazê-lo cá para casa.
– Deviam levá-lo ao veterinário – disse a mãe, com um preocupado franzir de sobrancelhas. – *Não posso* mesmo ter aqui um cão coxo.
– Não é verdadeiramente um cão... é um rapaz – disse Bobbie, sem perceber se ia rir ou sufocar.
– Então, devia ser levado para casa, para junto da mãe dele.
– A mãe dele morreu – disse Bobbie. – E o pai está em Northumberland. A mãe vai ser simpática com ele? Eu disse-lhe que tinha a certeza de que a mãe quereria que o trouxéssemos cá para casa. A mãe quer sempre ajudar toda a gente.
A mãe sorriu e depois suspirou. É bom que os nossos filhos acreditem que estamos dispostos a ter a casa e o coração abertos para toda e qualquer pessoa que precise de ajuda. Mas é

também um tanto embaraçoso às vezes, quando agem nessa crença.

– Vá, está bem – disse a mãe. – Devemos fazer o melhor que conseguirmos.

Quando Jim foi transportado para dentro, terrivelmente pálido e de lábios cerrados, cujo vermelho tinha desbotado para um horrendo violeta azulado, a mãe disse:

– Ainda bem que o trouxeram para cá. Agora, Jim, vamos instalar-te confortavelmente na cama até o médico chegar.

E Jim, olhando para os seus olhos amáveis, sentiu uma pequena descarga reconfortante de nova coragem.

– Vai doer bastante, não vai? – perguntou. – Não quero ser medricas. Não vai pensar que sou medricas se voltar a desmaiar, pois não? Juro que não faço por mal. E detesto estar a dar-lhe este trabalho todo.

– Não te preocupes – reconfortou-o. – Quem está a sofrer és tu, pobre rapaz... não nós – e deu-lhe um beijo tal qual como se fosse Peter. – Gostamos muito de te ter cá, não gostamos, Bobbie?

– Sim – disse Bobbie, e viu pela expressão da mãe quanta razão tinha tido em trazer para casa o «cão de caça» ferido da camisola encarnada.

Capítulo XIII
O avô do «cão» da camisola encarnada

Nesse dia, a mãe não voltou à sua escrita, pois o «cão» da camisola encarnada que as crianças tinham trazido para as Três Chaminés estava de cama. Depois o médico veio e magoou-o da maneira mais horrível. A mãe esteve ao lado dele durante todo o tempo e isso tornou a coisa um bocadinho melhor do que teria sido, mas «o mau era o melhor», como disse a Sr.ª Viney.

As crianças ficaram sentadas na sala do andar de baixo e ouviram o som das botas do médico a andar para trás e para diante no chão do quarto. E uma ou duas vezes houve um gemido.

– É horrível – disse Bobbie. – Oh, quem me dera que o Dr. Forrest se despachasse. Oh, pobre Jim!

– Lá horrível *é* – disse Peter. – Mas também é muito empolgante. Quem me dera que os médicos não fossem tão esquisitos quanto a quem pode ou não estar no quarto enquanto eles fazem coisas. Gostava mesmo de ver uma perna a ser encaixada. Acho que os ossos estalam como tudo.

— Cala-te! — disseram as duas raparigas ao mesmo tempo.
— Tretas! — disse Peter. — Como é que hás de ser enfermeira da Cruz Vermelha, como estavas a dizer quando voltávamos para casa, se não podes sequer ouvir-me falar de ossos a estalarem? Na frente de combate ias ter de os *ouvir* estalar, e provavelmente estar encharcada em sangue até aos cotovelos e...
— Para! — gritou Bobbie, branca como a neve. — Não fazes ideia da impressão que me estás a fazer.
— A mim também — disse Phyllis, com a cara a escaldar.
— Medricas! — disse Peter.
— Eu cá não — disse Bobbie. — Ajudei a mãe a tratar-te do pé que feriste com o ancinho, e a Phil também, bem sabes que sim.
— Muito bem, então! — disse Peter. — Olha lá, seria bom para ti se te falasse durante meia hora, todos os dias, de ossos partidos e das entranhas das pessoas, para que te acostumasses a essas coisas.

Arrastou-se uma cadeira no andar de cima.
— Oiçam — disse Peter. — Aquilo é o osso a estalar.
— Era melhor que não dissesses essas coisas — disse Phyllis. — A Bobbie não gosta nada.
— Vou dizer-vos o que eles fazem — disse Peter. Não faço ideia do que o levou a ser tão pica-miolos. Talvez fosse por ter sido tão simpático e prestável durante a primeira parte do dia, que agora tinha de alterar o comportamento. É aquilo a que se chama um vaipe. Todos passamos por isso. Às vezes, quando se é bom durante mais tempo do que é habitual, sofre-se repentinamente

um violento impulso para não se ser bom. – Vou dizer-vos o que eles fazem – continuou. – Amarram o homem partido de forma a que ele não possa resistir ou interferir, alguém lhe segura a cabeça e depois a perna partida, e puxa-a até os ossos encaixarem, com um estalo, como podem verificar! Depois ligam-na toda... vamos brincar aos ossos partidos!
– Oh, não! – disse Phyllis.
Mas Bobbie disse subitamente:
– Muito bem... *vamos*! Eu faço de médico e a Phil pode ser a enfermeira. Tu podes ser o do osso partido. É mais fácil chegar às tuas pernas porque não usas saiotes.
– Vou buscar as talas e as ligaduras – disse Peter. – Tu, apronta a cama.
As cordas que tinham atado as caixas na mudança de casa estavam num caixote de madeira no sótão. Quando Peter entrou a arrastar um emaranhado delas e duas tábuas para servirem de talas, Phyllis deu umas gargalhadinhas.
– Ora, vamos lá – disse ele, e deitou-se no canapé a gemer o mais dolorosamente possível.
– Tão alto, não! – disse Bobbie, começando a enrolar a corda à volta dele e do canapé. – Tu puxas, Phil.
– Tão apertada, não! – queixou-se Peter. – Vais partir-me a outra perna.
Bobbie continuou a trabalhar em silêncio, enrolando mais e mais corda à volta dele.
– Chega – ordenou Peter. – Não me consigo mexer de todo. Oh, a minha pobre perna – gemeu.

— Tens a *certeza* de que não consegues mexer-te? — perguntou Bobbie, num tom bastante estranho.

— Tenho — retorquiu Peter. — Podemos fingir que sangra abundantemente? — perguntou de forma divertida.

— *Tu* podes fingir o que te apetecer — disse Bobbie, severamente, cruzando os braços e olhando de cima para ele, todo atado com várias voltas de corda. — A Phil e eu vamos embora. E não te desatamos enquanto não prometeres que nunca mais nos falas de sangue e de feridas a não ser que queiramos. Vamos, Phil.

— Grande besta! — disse Peter, contorcendo-se. — Nunca vou prometer isso, nunca. Vou berrar e a mãe vem cá.

— Berra à vontade — disse Bobbie. — E diz-lhe porque é que te amarrámos! Vamos, Phil. Não, não sou uma besta, Peter. Mas tu não paraste quando te pedimos e...

— Pois, e tiveram uma ideia ótima, sim senhor! — disse Peter.

Bobbie e Phil, retirando-se com uma silenciosa dignidade, depararam com o médico à porta. Entrou a esfregar as mãos e com um ar muito satisfeito.

— Bom — disse ele. — *Este* trabalho está feito. É uma fratura, mas vai correr tudo bem, não tenho dúvida. Um rapaz muito valente, aliás... mas o que é isto?

Os seus olhos tinham pousado em Peter, calado que nem um rato, envolto nas suas ligaduras.

— A brincar aos prisioneiros, hein? — disse ele, franzindo o sobrolho. Não lhe parecia razoável estarem a brincar enquanto no quarto de cima endireitavam o osso de uma pessoa.

— Oh, não! – disse Bobbie. – Aos *prisioneiros* não. Estávamos a «encaixar ossos». O Peter tem o osso partido e eu sou o médico.

— Então, vejo-me na obrigação de vos dizer – asseverou – que é uma brincadeira muito cruel. Não têm imaginação suficiente para fazerem ideia do que se passa lá em cima? Aquele pobre rapaz, com as gotas de suor na testa e a morder os lábios para não gritar a cada toque na perna, em agonia...

— *Tu* é que devias ser amarrada – disse Phyllis. – *És* tão má como...

— Chiu – disse Bobbie. – Tenho pena, mas na verdade não fomos cruéis.

— Eu fui, se calhar – disse Peter, contrariado. – Muito bem, Bobbie, não continues a armar-te em nobre e a acusar-me, porque eu não faço tenções de tolerar isso. É que eu não parava de falar de sangue e feridas. Queria treiná-las para serem enfermeiras da Cruz Vermelha. E não parei quando me pediram.

— E então? – inquiriu o Dr. Forrest, sentando-se.

— Bom... sugeri brincarmos aos ossos partidos. Não era a sério. Sabia que a Bobbie não ia querer. Estava só a meter-me com ela. E depois, quando ela disse que sim, é claro que tive de levar a brincadeira até ao fim. E elas amarraram-me. Acho que isto é vergonhoso.

Conseguiu revirar-se e escondeu a cara.

— Pensei que só nós é que íamos saber – disse Bobbie, em resposta indignada à censura de Peter. – Nunca pensei que o Dr. Forrest entrasse aqui. E ouvir falar de sangue e feridas faz-me mesmo muita impressão. Amarrá-lo foi só uma partida. Deixa-me desamarrar-te, Pete.

– Não me importa que nunca me desamarres – disse Peter. – E se isto é a tua ideia de uma partida...

– Se fosse a ti – disse o médico, embora não soubesse o que dizer –, era desatado antes que a tua mãe desça. Não querem ralá-la, ou querem?

– Não prometo nada sobre não falar de feridas, isso não – disse Peter, num tom muito mal-humorado, enquanto Bobbie e Phyllis começavam a desatar os nós.

– Peço-te muita desculpa, Pete – sussurrou Bobbie, chegando-se a ele enquanto lutava com o grande nó por baixo do canapé. – Mas tu nem sabes quão mal me fizeste sentir.

– Mal foi o que vocês *me* fizeram sentir a mim, e mais não digo – replicou Peter. Depois, sacudiu as cordas soltas e pôs-se de pé.

– Vim aqui espreitar – disse o Dr. Forrest – para ver se um de vocês queria vir comigo ao consultório. Há algumas coisas de que a vossa mãe vai precisar imediatamente e eu dei folga ao meu empregado para ele ir ao circo. Queres vir, Peter?

Peter foi, sem olhar para as irmãs.

Os dois caminharam em silêncio até ao portão que dava para a estrada das Três Chaminés. Depois Peter disse:

– Deixe-me levar a sua mala. Bem, é pesada... o que tem lá dentro?

— Oh, facas, lancetas e diferentes instrumentos que magoam as pessoas. E o frasco de éter. Tive de lhe dar éter, sabes... a dor era muito intensa.

Peter ficou em silêncio.

— Conta-me a história de como vocês encontraram aquele rapaz — pediu o Dr. Forrest.

Peter contou. Depois disso, o Dr. Forrest contou-lhe histórias de salvamentos heroicos; era um homem muito interessante, como Peter tinha constatado várias vezes.

Já no consultório, Peter teve a oportunidade de examinar a balança do médico, o seu microscópio, os pesos e os copos de medidas. Assim que aprontaram todas as coisas que Peter tinha de levar, o médico disse:

— Vais-me desculpar meter-me onde não sou chamado, não vais? Mas gostava de te dizer uma coisa.

«Agora é que vai ser», pensou Peter, que se tinha interrogado como é que escapou à reprimenda.

— Uma coisa científica — acrescentou o médico.

— Diga lá — pediu Peter, brincando com o pisa-papéis do médico.

— Muito bem. Como sabes, os rapazes e as raparigas são apenas homens e mulheres em ponto pequeno. E *nós* somos mais fortes e resistentes do que elas — Peter gostou do «nós», talvez o médico calculasse. — E há coisas que as *magoam* a elas e a *nós* não. Sabes que não deves bater numa menina...

— Claro que sim, nem pensar — murmurou Peter, indignado.

— Nem sequer se for na tua irmã. Isso é porque as raparigas são muito mais delicadas e frágeis do que nós. Têm de ser – acrescentou –, porque se não fossem, não era bom para os bebés. E é por isso que todos os animais são tão bons para as mães animais. Nunca lutam com elas, sabias?
— Eu sei – disse Peter, interessado. – Dois coelhos são capazes de lutar todo o dia, mas nunca magoam uma coelha.
— E há mesmo animais bastante selvagens, como os leões e os elefantes, que são imensamente meigos com as fêmeas. E nós também temos de ser.
— Estou a ver – disse Peter.
— E os corações delas também são delicados – prosseguiu o médico. – Coisas a que nós não damos qualquer importância magoam-nas tremendamente. Um homem tem de ter muito cuidado, não só com os punhos, mas também com as palavras. Elas são incrivelmente corajosas – continuou. – Pensa na Bobbie à espera, sozinha no túnel com aquele pobre rapaz. É uma situação estranha, mas quanto mais delicada e mais facilmente magoada uma mulher é, mais ela é capaz de reunir forças para fazer o que *tem* de ser feito. Conheço algumas mulheres muito corajosas... a tua mãe, por exemplo – concluiu ele.
— Sim – disse Peter.
— Bom, é tudo. Desculpa-me falar nisto. Mas ninguém sabe tudo se não for ensinado. Estás a perceber o que quero dizer, não estás?
— Sim – disse Peter. – Estou arrependido. Pronto!

– Claro que estás! As pessoas ficam sempre arrependidas quando percebem o mal que fizeram. Toda a gente devia saber estes factos científicos. Até logo!

Apertaram as mãos calorosamente. Quando Peter chegou a casa, as irmãs olharam-no com desconfiança.

– *Pax*... quero dizer, paz – disse Peter, pousando o cesto na mesa. – O Dr. Forrest teve uma conversa científica comigo. Não serve de nada contar-vos o que ele disse. Não perceberiam. Mas resume-se tudo a que vocês, raparigas, são umas coitadas, delicadas, fracas, assustadiças como coelhos. E nós, homens, temos de ser condescendentes. Disse que vocês eram animais fêmeas. Levo isto lá acima à mãe, ou levam vocês?

– Pois, eu sei como são os *rapazes* – disse Phyllis, com as bochechas a arder. – São uns desagradáveis, mal-educados...

– São muito corajosos – disse Bobbie. – De vez em quando.

– Ah, referes-te ao rapaz lá de cima. Estou a ver. Vá, Phil, tolero o que quer que digas porque és uma coitadinha, fraca, assustadiça, delicada...

– Vais ver se assim é quando te puxar o cabelo – disse Phyllis, dirigindo-se a Peter.

– Ele declarou as pazes – disse Bobbie, puxando-a. – Não estás a perceber – sussurrou, enquanto Peter pegava no cesto e saía –, ele está arrependido, só que não quer dizê-lo. Vamos dizer-lhe que estamos arrependidas.

– És tão, mas tão boazinha... – disse Phyllis. – Ele disse que éramos animais fêmeas, delicadas e assustadiças...

– Então, vamos mostrar-lhe que não temos medo de que pense que somos assim tão boazinhas – disse Bobbie.
– E também que não somos mais animais do que ele.

E quando Peter voltou, ainda de nariz empinado, Bobbie disse:

– Estamos arrependidas de te ter amarrado, Pete.

– Calculei que estivessem – disse Peter, muito empertigado e com ar superior.

Era difícil de suportar. Mas:

– E estamos mesmo – disse Bobbie. – Vamos considerar que a honra de ambos os lados está declarada.

– Já declarei a *pax* – disse Peter, num tom ofendido.

– Então, seja *pax* – disse Bobbie. – Phil, vamos preparar o lanche. Pete, podias pôr a mesa.

– Olha lá – interrompeu Phyllis, quando a paz ficou finalmente restabelecida, o que só aconteceu depois da lavagem das chávenas após o lanche. – O Dr. Forrest não disse *realmente* que nós éramos animais fêmeas, pois não?

– Sim – disse Peter, firmemente. – Mas penso que ele queria dizer que nós homens somos animais selvagens.

– Que engraçado que ele é! – disse Phyllis, partindo uma chávena.

* * *

– Posso entrar, mãe? – Peter estava à porta do quarto onde a mãe escreve.

A mãe estava sentada à mesa com duas velas. As chamas pareciam laranja e violeta contra o azul acinzentado do céu, onde já luziam umas quantas estrelas.

– Sim, querido – respondeu, distraidamente. – Passa-se alguma coisa? – escreveu umas quantas palavras, pousou a caneta e dobrou o que tinha escrito. – Estava precisamente a escrever ao avô do Jim. Vive aqui perto.

– Sim, falámos desse assunto ao lanche. Vim aqui por causa disso. Tens mesmo de lhe escrever, mãe? Não podíamos manter cá o Jim e não dizer nada à família até ele estar bom? Seria uma grande surpresa para eles.

– Bom, isso seria de facto uma grande surpresa – disse a mãe, a rir.

– É que... – continuou Peter. – É claro que não há nada de mal nas raparigas, não estou contra *elas*. Mas às vezes gostava de ter um rapaz com quem conversar.

– Sim – concordou a mãe. – Eu sei que é maçador para ti, querido. Mas não posso fazer nada. Talvez para o ano consiga pôr-te num colégio, não seria bom?

– Tenho saudades dos outros rapazes – confessou Peter. – Mas se o Jim pudesse ficar até a perna estar boa, podíamos divertir-nos juntos.

– Não duvido – disse a mãe. – Bom... talvez pudesse, mas sabes, querido, não somos ricos. Não posso garantir-lhe todos os cuidados médicos de que precisa.

– Não podes tratar dele? Cuidas tão bem das pessoas.

– Isso é um ótimo elogio, Pete, mas não consigo cuidar dele e escrever ao mesmo tempo. Aí é que se complica.

— Então, *tens* mesmo de mandar a carta ao avô dele?
— Claro, e também ao diretor da escola. Enviei um telegrama a ambos, mas também tenho de escrever-lhes. Devem estar bastante ansiosos.
— Mas, mãe, não poderá o avô dele pagar a uma enfermeira? — sugeriu Peter. — Seria formidável. Calculo que o velhote deve nadar em dinheiro, como os avôs dos livros.
— Bom, este não é propriamente de um livro — disse a mãe.
— Não devemos esperar que tenha assim tanto dinheiro.
— Então... — disse Peter, pensativo. — E se *fôssemos* todos de um livro escrito por ti, mãe? Assim podias fazer acontecer toda a espécie de coisas, como curar imediatamente a perna do Jim ou o pai vir depressa para casa e...
— Tens muitas saudades do pai? — perguntou a mãe, de forma fria, pensou Peter.
— Tantas — disse Peter, laconicamente.
A mãe estava a enfiar a segunda carta num envelope e a endereçá-la.
— Tu sabes... — continuou Peter, lentamente. — Sabes que não é só por ser o *pai*, é que agora não há mais nenhum homem cá em casa além de mim, por isso é que queria tanto que o Jim ficasse. Não gostavas de escrever um livro em que entrássemos todos e fazer com que o pai voltasse rapidamente para casa?
A mãe pôs o braço à volta de Peter e abraçou-o em silêncio. Depois disse:
— Não achas suficientemente bom pensar que estamos num livro escrito por Deus? Se fosse eu a escrever o livro, podia

cometer erros. Mas Deus sabe fazer com que a história acabe bem, da melhor maneira para todos nós.

— Mãe... acreditas mesmo nisso? — perguntou mansamente Peter.

— Acredito — disse ela. — Acredito mesmo, exceto quando estou triste ao ponto de não acreditar em nada. Mas mesmo quando não acredito, sei que é verdade, e tento acreditar. Nem sabes como tento, Peter. Agora, leva as cartas ao correio e vamos deixar de estar tristes. Coragem, coragem! Essa é a mais bela das virtudes! Atrevo-me a dizer que o Jim ainda deve estar por cá duas ou três semanas.

Nas horas seguintes, Peter esteve tão angelical que Bobbie temeu que fosse ficar doente. Foi um grande alívio encontrá-lo de manhã a pentear o cabelo de Phyllis nas costas da cadeira, como antigamente.

Pouco depois do pequeno-almoço, ouviram bater à porta. As crianças estavam atarefadas a limpar os castiçais, em honra da presença de Jim.

— Deve ser o médico — disse a mãe. — Eu vou abrir. Fechem a porta da cozinha, vocês não estão em condições de receber pessoas.

Não era o médico. Souberam isso pela voz e pelo som dos passos que subiram a escada. Não reconheceram o som das botas, mas todos tiveram a certeza de já ter ouvido aquela voz.

Houve um longo intervalo. As botas e a voz nunca mais desciam.

— Quem será? — perguntavam-se entre eles, repetidamente.

— Talvez — sugeriu Peter — o Dr. Forrest tenha morrido às mãos de salteadores e este seja o seu substituto. A Sr.ª Viney disse que ele tinha um empregado para fazer o trabalho dele quando estava de férias, não disse, Sr.ª Viney?

— Pois disse, menino — respondeu das traseiras da cozinha a Sr.ª Viney.

— O mais provável é que tenha tido um ataque — disse Phyllis. — E já não há esperança. Este homem veio dar a notícia à mãe.

— Que disparate! — disse Peter, rapidamente. — A mãe não teria levado o homem ao quarto do Jim. Para quê? Oiçam, a porta está a abrir-se. Estão a descer. Vou espreitar.

E assim fez.

— Isto não é escutar às portas — retorquiu ele perante os reparos escandalizados de Bobbie. — Ninguém no seu perfeito juízo falaria de segredos nas escadas. E a mãe não pode ter segredos com o empregado do Dr. Forrest, e vocês disseram que era ele.

— Bobbie — chamou a mãe.

Abriram a porta da cozinha e a mãe estava debruçada no corrimão da escada.

— Está cá o avô do Jim — disse ela. — Lavem as mãos e a cara e venham conhecê-lo. Ele também vos quer ver!

— Ora aí está! — exclamou Peter. — Não sei como não nos lembrámos disso! Arranje-nos água quente, Sr.ª Viney. Estou tão preto como o seu chapéu.

Estavam efetivamente sujos, pois o produto para limpar castiçais está muito longe de ser limpo. Ainda estavam de volta do sabão e da toalha quando ouviram as botas e a voz descer a escada e entrar na sala de jantar. Assim que terminaram, embora ainda molhados nas mãos e na cara porque estavam impacientes por ver o avô de Jim, enfiaram-se na sala de jantar.

A mãe estava sentada no parapeito da janela e, na poltrona de couro em que o pai costumava sentar-se, estava... *o senhor de idade!*

— Bem, nunca me passou pela cabeça... — disse Peter, ainda antes de raciocinar. — Como tem passado? — estava demasiado surpreendido, como explicou depois, para sequer se lembrar de que havia uma coisa chamada boa educação, muito menos pô-la em prática.

— É o nosso senhor de idade! — disse Phyllis.

— Oh, é o senhor! — disse Bobbie.

Depois caíram em si e lembraram-se dos bons modos, perguntando:

— Como tem passado?

— Este senhor é o avô do Jim, o senhor... — disse a mãe, nomeando o senhor de idade.

— Que esplêndido! — disse Peter. — Isto é exatamente como num livro, não é, mãe?

— É mesmo — disse a mãe, a sorrir. — Às vezes na vida real acontecem coisas que são mesmo como nos livros.

— Fico muito contente que *seja* o senhor — disse Phyllis. — Se pensarmos nas toneladas de senhores de idade que há no mundo, vemos que podia ter sido qualquer outra pessoa.

— Mas — disse Peter — ...não vai levar o Jim, pois não?

– Para já, não – disse o senhor de idade. – A vossa mãe, generosamente, consentiu que ele ficasse aqui. Pensei em chamar uma enfermeira, mas a vossa mãe teve a bondade de se oferecer para cuidar dele.

– E a escrita? – disse Peter, antes que alguém pudesse detê-lo. – Ficamos sem comer se a mãe não escrever.

– Está tudo bem – disse a mãe, apressadamente.

O senhor de idade mandou um olhar bondoso para a mãe.

– Vejo que confia nos seus filhos e que entre vocês não há segredos – observou o senhor de idade.

– Claro que sim – disse a mãe.

– Então, posso contar-lhes o nosso acordo. A vossa mãe, meus meninos, decidiu deixar a escrita por uns tempos e tornar-se enfermeira-chefe do meu hospital.

– Oh – disse Phyllis, inexpressivamente. – Vamos ter de deixar as Três Chaminés, o caminho de ferro e tudo o resto?

– Não, não, minha querida – respondeu apressadamente a mãe.

– O hospital chama-se Hospital das Três Chaminés – disse o senhor de idade. – E o meu Jim é o único paciente, esperemos. A vossa mãe será enfermeira-chefe, e terão a ajuda do pessoal do hospital, uma empregada e uma cozinheira, até o Jim se pôr bom.

– E depois a mãe vai continuar a escrever? – perguntou Peter.

– Veremos – disse o senhor de idade, com um ligeiro e rápido relance a Bobbie. – Talvez aconteça alguma coisa boa e não seja obrigada a tal.

– Eu adoro escrever – disse imediatamente a mãe.
– Eu sei – disse o senhor de idade. – Não pensem que estou a meter-me onde não sou chamado. Mas nunca se sabe. Acontecem coisas espetaculares e bonitas, não é? E nós vivemos a maior parte das nossas vidas na esperança delas. Posso vir, de vez em quando, ver o meu rapaz?
– Claro que sim – disse a mãe. – E não sei como agradecer-lhe a oportunidade de cuidar do seu querido rapaz!
– Passou a noite a chamar pela mãe – disse Phyllis. – Acordei duas vezes e ouvi-o.
– Não se referia a mim – disse a mãe, em voz baixa, ao senhor de idade. – É por isso que eu tenho tanto gosto em mantê-lo aqui.
O senhor de idade levantou-se.
– Fico tão contente que o deixes ficar connosco, mãe – disse Peter.
– Cuidem da vossa mãe, queridos meninos – disse o senhor de idade. – É uma raridade.
– É, não é? – sussurrou Bobbie.
– Deus a abençoe – disse o senhor de idade, pegando nas duas mãos da mãe. – Deus a abençoe! Ah, e será abençoada. Onde deixei o meu chapéu? Bobbie, queres acompanhar-me até ao portão?
Já no portão, parou e disse:
– És muito boa menina, minha querida... Recebi a tua carta. Mas não era necessária. Quando, na altura, li nos jornais a história do vosso pai, fiquei desconfiado. E tenho tentado

descobrir algumas coisas desde que vos conheço. Ainda não cheguei muito longe. Mas tenho esperanças, minha querida, tenho esperanças.

— Oh! — exclamou Bobbie, engasgando-se um bocadinho.

— Sim, posso até dizer que tenho grandes esperanças. Mas mantém o segredo por mais algum tempo. Não seria nada bom perturbar a tua mãe com falsas esperanças.

— Mas não são falsas! — disse Bobbie. — *Sei* que vai conseguir. Já sabia quando lhe escrevi. Não são falsas esperanças, pois não?

— Não — respondeu. — Acho que não são falsas esperanças, ou não te teria dito nada. E penso que mereces que te diga que *há* esperança.

— E não pensa que tenha sido o pai, pois não? Oh, diga-me que não.

— Minha querida, tenho a *certeza* de que não foi.

Mesmo se as esperanças não viessem a concretizar-se, nem por isso deixaram de ser reconfortantes. Nos dias seguintes, Bobbie estava mais radiante do que nunca.

Capítulo XIV
Fim

Depois da visita do senhor de idade, a vida nas Três Chaminés nunca mais foi a mesma. Embora agora soubessem o seu nome, as crianças nunca se referiam ao senhor de idade pelo nome, pelo menos entre si. Para elas, iria ser sempre o senhor de idade, e penso que é melhor tratarmo-lo também por senhor de idade. Não o faria parecer mais real se dissesse que se chamava Snooks ou Jenkins (o que não é verdade). E, no fim de contas, devem consentir-me que mantenha este segredo. É o único. Contei-vos tudo o resto, salvo o que vou contar neste capítulo, que é o último. Na verdade, obviamente não vos contei *tudo*. Se fizesse isso, o livro nunca chegaria ao fim, e seria uma pena, não acham?

Bom, como estava a dizer, a vida nas Três Chaminés nunca mais foi a mesma. A cozinheira e a empregada eram muito simpáticas (não me importo de vos dizer o nome delas: eram Clara e Etelvina), mas disseram à mãe que não precisavam da Sr.ª Viney para nada e que era uma velha trapalhona. Então, a Sr.ª Viney passou a vir dois dias por semana para lavar a roupa e passá-la a ferro. Clara e Etelvina disseram que davam conta do recado, o que significava que as crianças deixariam de preparar o lanche, levantar a mesa, lavar a loiça e limpar o pó.

Isto deixou um vazio nas suas vidas, embora fingissem muitas vezes entre si que odiavam as lides domésticas. Mas agora que a mãe não tinha de escrever, sobrava tempo para as aulas deles. E eram obrigatórias. Por muito amável que seja a pessoa que nos está a ensinar, toda a gente sabe que aulas são aulas, e mesmo no melhor dos casos são menos divertidas do que descascar batatas ou acender uma lareira.

Por outro lado, se a mãe tinha agora tempo para lhes dar aulas, também tinha tempo para brincar e compor-lhes pequenas rimas, como dantes. Não tinha tido disponibilidade para versos desde que estava nas Três Chaminés.

Só havia uma coisa esquisita naquelas aulas. O que quer que estivessem a aprender era menos interessante do que aquilo que poderiam estar a aprender. Quando Peter se ocupava do latim, pensava que estaria melhor se estudasse história como Bobbie. Bobbie teria preferido a aritmética, que por acaso era aquilo que Phyllis estudava. E, claro, Phyllis pensava que o latim era de longe a mais interessante das matérias. E por aí fora.

Um dia, quando se sentaram para começar as suas aulas, encontraram no respetivo lugar uns quantos versos. Incluí-os aqui para vos mostrar que a mãe deles compreendia um bocadinho como as crianças se sentem a respeito das coisas e também o género de palavras que usam, o que é o caso de muito poucas pessoas crescidas. Suponho que, na sua maioria, as pessoas crescidas têm muito má memória e esqueceram aquilo que sentiam quando eram pequenas. Os versos, naturalmente, eram destinados a ser ditos pelas crianças.

PETER
Que César era canja, julguei eu na altura...
Devia estar a alucinar!
Quando começam o César, porventura,
Mal sabemos como nos vão entalar.
Oh, os verbos deixam-me aos papéis.
Antes quero aprender os reis!

BOBBIE
O pior do que me querem ensinar
É saber quem sucede a quem.
Todas as rainhas e reis tenho de enfileirar,
Com datas para tudo o que acometem.
Datas que chegam para nos agoniar,
Quem me dera ter a aritmética p'ra estudar!

PHYLLIS
São tantos e tantos os quilos de maçãs
Aqui no cesto – que preço vou pagar?
Riscamos e riscamos contas
O dividendo faz-nos chorar.
De partir a ardósia e gritar de alegria era capaz
Se estudasse latim como um determinado rapaz!

Este género de coisas tornava as aulas muito mais divertidas. É bom saber que a pessoa que nos está a ensinar entende que não fazemos tudo com uma perna às costas, sem nos tomar por burros.

Depois, à medida que a perna de Jim ia melhorando, era muito agradável subir ao quarto para ouvir as suas histórias da escola e dos outros rapazes. Havia um rapaz, chamado Parr, de quem Jim parecia ter formado a pior das opiniões, e outro rapaz chamado Wigsby Minor, por quem Jim tinha o maior respeito. Havia também três irmãos, de apelido Paley; chamavam ao mais novo Paley Terceiro e era muito dado a lutas.

Peter ouvia tudo isto com profundo entusiasmo. A mãe não lhe ficava atrás: um dia, deu a Jim uma folha de papel com uns versos sobre Parr, bem como todas as razões que Jim tinha para não gostar dele, incluindo a sábia opinião de Wigsby. Jim adorou. Nunca ninguém lhe escrevera versos. Leu-os até os saber de cor e depois mandou-os a Wigsby, que gostou deles quase tanto como Jim. Talvez o leitor também goste.

O NOVO ALUNO
Chama-se Parr: diz que lhe dão,
Ao lanche, leite e pão.
Diz que o pai um urso matou.
E que a mãe o cabelo lhe cortou.

FIM

Usa galochas quando está a chover.
Parece que gosta muito de comer!
Não tem mesmo vergonha nenhuma;
É leve que nem uma pluma.

Não pode ficar à baliza,
Pois a força da bola o aterroriza.
Fica em casa a ler, horas e horas.
Conhece de cor todas as floras.

No seu pobre francês, diz Monsió...
De um modo que chega a meter dó.
Não faz turnos de guarda, foge ao dever,
Diz que veio para a escola para aprender!

Não joga à bola, pode magoar;
Lutar com o Paley Terceiro, isso nem pensar;
Mesmo que quisesse, não assobiava,
E quando ríamos dele até chorava!

Wigsby Minor diz agora que Parr
É só como todos os novos são.
Eu sei que quando cheguei à escola
Também era um bom estarola!

Jim não conseguia compreender como é que a mãe deles tinha sido capaz de inventar aqueles versos. Aos outros parecia admirável, mas natural. Como calculam, sempre tinham convivido com os versos da mãe, que conseguia captar neles a forma como as pessoas falam, como se vê nalgumas expressões destes versos, próprias de Jim.

Jim ensinou Peter a jogar xadrez, damas e dominó e, em geral, foi um tempo sossegado e prazeroso.

Só que a perna de Jim foi melhorando e começou a nascer entre Bobbie, Peter e Phyllis o sentimento geral de que deviam fazer alguma coisa para entretê-lo. Não apenas jogos, mas alguma coisa realmente interessante. Era extraordinariamente difícil descobrir o quê.

– Não vale a pena – disse Peter, depois de pensarem até sentirem as cabeças bastante pesadas e inchadas. – Se não conseguirmos lembrar-nos de nada, não conseguimos e pronto. Talvez alguma coisa de que goste aconteça espontaneamente.

– Às vezes *acontecem* coisas espontaneamente, sem nós as fazermos – disse Phyllis, com o ar de quem pensava que tudo o que acontecia de bom no mundo era, habitualmente, obra dela.

– Quem me dera que acontecesse alguma coisa – disse Bobbie, sonhadora. – Alguma coisa maravilhosa.

E, de facto, uma coisa maravilhosa aconteceu, exatamente quatro dias depois de ela o ter dito. Poderia dizer que foram três dias depois, porque nos contos de fadas é sempre três dias depois que as coisas acontecem. Mas isto não é um conto de fadas e, além disso, foram mesmo quatro e não três dias, e se há coisa que prezo é ser fiel à verdade.

FIM

Quase não pareciam os meninos do caminho de ferro. À medida que os dias passavam, todos tinham uma sensação desconfortável a este respeito, que foi expressa por Phyllis:

– Pergunto a mim mesma se o caminho de ferro terá saudades nossas – lamentou. – Agora nunca vamos visitá-lo.

– Parece uma ingratidão – disse Bobbie. – Gostávamos tanto dele quando não tínhamos mais ninguém com quem brincar.

– O Sr. Perks está sempre a vir cá acima perguntar pelo Jim – disse Peter. – E o filho do sinaleiro está melhor, disse-me ele.

– Não me referia às pessoas – explicou Phyllis. – Referia-me ao nosso querido caminho de ferro.

– Aquilo que não gosto – disse Bobbie, nesse quarto dia, que era terça-feira – é termos parado de acenar ao 9:15h e mandar por ele as nossas saudades ao pai.

– Vamos recomeçar – disse Phyllis.

E recomeçaram.

Seja como for, a mudança provocada pelas novas empregadas e o facto de a mãe não ter a sua escrita fez com que tudo parecesse muito mais longínquo e distante dessa estranha manhã em que tudo começara, quando se levantaram cedo e queimaram o fundo da chaleira, e o pequeno-almoço tinha sido tarte de maçã, e viram o caminho de ferro pela primeira vez.

Já era setembro e a relva na encosta que descia para o caminho de ferro estava seca e firme. Pequenos espigões de erva sobressaíam como pedacinhos de arame de ouro, frágeis campânulas azuis tremiam nos seus caules fortes e esbeltos, havia rosas selvagens com os seus discos lilases, largos e planos, bem abertos, e as estrelas douradas da erva de S. João brilhavam nas bordas do charco que ficava perto do caminho de ferro. Bobbie colheu um generoso punhado de flores e pensou no bem que ficariam em cima do cobertor de retalhos de seda verde e cor-de-rosa que cobria agora a pobre perna partida de Jim.

– Despachem-se – disse Peter – ou não apanhamos o 9:15h!
– Não posso despachar-me mais do que isto – disse Phyllis.
– Ora bolas! Os meus atacadores desataram-se *outra vez*!
– No dia do teu casamento – disse Peter –, os teus atacadores vão desatar-se quando estiveres a entrar na igreja. E quando chegares ao pé do teu homem, o homem com quem te vais casar, ele vai tropeçar neles e partir o nariz no chão, e depois tu vais dizer que já não te casas com ele e ficas para tia.
– Não, senhor – disse Phyllis. – Antes queria casar com um homem com o nariz esborrachado do que não casar com ninguém.
– Seja como for, seria horrível casar com um homem com o nariz esborrachado – continuou Bobbie. – Não seria capaz de cheirar as flores do casamento. Seria mesmo embaraçoso!
– Que se lixem as flores do casamento! – gritou Peter.
– Olhem! O sinal está para baixo. Temos de ir a correr!

Correram. E, uma vez mais, acenaram com os lenços, sem se ralarem se estavam ou não limpos, ao 9:15h.

– Leva as nossas saudades ao pai! – gritou Bobbie.

E os outros gritaram também:

– Leva as nossas saudades ao pai!

O senhor de idade acenou com bastante afinco da sua janela da primeira classe. E não havia nada de estranho nisso, pois ele sempre tinha acenado. Mas, desta vez, em todas as janelas abanavam lenços, jornais e mãos. O comboio passou com o restolhar e o rugido habituais, as pedrinhas saltaram e bailaram debaixo dele à sua passagem, e as crianças ficaram a olhar umas para as outras.

– Uau! – disse Peter.
– UAU! – disse Bobbie.
– *UAU!* – disse Phyllis.
– Que raio quererá aquilo dizer? – perguntou Peter, sem esperar qualquer resposta.
– *Eu* cá não sei – disse Bobbie. – Talvez o senhor de idade tenha dito às pessoas da estação que estivessem atentas a nós e acenassem. Sabia que íamos gostar!

Ora bem, por estranho que pareça, fora exatamente isso que acontecera. O senhor de idade, muito conhecido e respeitado naquela estação, tinha chegado cedo nessa manhã, pôs-se à porta, onde costumar estar o jovem com a interessante máquina de picar bilhetes, e disse qualquer coisa a cada um dos passageiros que por ali passavam. E depois de acenarem que sim com a cabeça ao que ele tinha dito, manifestando surpresa, interesse, dúvida, boa-disposição e anuência rezingona, todos os passageiros seguiram para a plataforma e leram uma determinada página do jornal. Ao entrarem no comboio, passaram a palavra aos passageiros que já lá estavam, lendo também o jornal com muito espanto e agrado. Depois, quando o comboio passou pela vedação onde as crianças estavam, jornais, mãos e lenços agitaram-se freneticamente, até todo aquele lado do comboio ficar branco.

Às crianças quase parecia que o próprio comboio estava vivo e a corresponder finalmente ao carinho que eles lhe tinham dado.

— É extraordinário! — exclamou Peter.

— Do mais extraordinário — ecoou Phyllis.

Mas Bobbie perguntou-lhes:

— Vocês não acham que os acenos do senhor de idade pareceram mais significativos do que é costume?

— Não — disseram os outros.

— Eu acho — disse Bobbie. — Parece que ele estava a tentar explicar-nos alguma coisa com o seu jornal.

— Explicar o quê? — perguntou Peter.

— *Eu* não sei — respondeu Bobbie. — Mas sinto-me tremendamente esquisita. Sinto-me exatamente como se estivesse para acontecer alguma coisa.

— O que vai acontecer — disse Peter — é que as meias da Phyllis vão descair.

Isto era a mais pura das verdades. A liga tinha cedido na agitação dos acenos ao 9:15h. O lenço de Bobbie serviu de primeiros socorros à vítima e foram todos para casa.

Nesse dia, as aulas foram para Bobbie mais difíceis do que o habitual. Chegou mesmo a fazer uma figura triste na resolução de um problema tão simples como a divisão de 48 quilos de carne e 36 quilos de pão por 144 crianças.

FIM

– Não te sentes bem, querida? – perguntou a mãe.

– Não sei – foi a inesperada resposta de Bobbie. – Não sei como me sinto. Não é que seja preguiçosa, mas, mãe, podes dispensar-me das aulas por hoje? Sinto-me como se quisesse estar sozinha.

– Claro que te dispenso – disse a mãe. – Mas...

Bobbie deixou cair a sua ardósia. Rachou-se exatamente no sítio da pequena marca verde tão útil para fazer desenhos à volta, e nunca mais foi a mesma ardósia. Bobbie escapuliu-se, sem a apanhar. A mãe encontrou-a depois no vestíbulo a tatear entre os impermeáveis e os guarda-chuvas, à procura do chapéu de jardim.

– O que é, meu amor? – disse a mãe. – Sentes-te doente?

– *Não sei* – respondeu Bobbie, meio ofegante. – Mas quero estar sozinha e perceber porque é que a minha cabeça *está* toda confusa e porque é que a minha barriga está às voltas.

– Não seria melhor deitares-te? – sugeriu a mãe, afastando--lhe o cabelo da testa.

Mas ela não conseguiu permanecer no jardim. As flores pareciam estar à espera de que acontecesse alguma coisa. Era um daqueles dias de outono suspensos e brilhantes em que tudo, de facto, parece estar à espera.

Bobbie não conseguia esperar.

– Vou descer até à estação e falar com o Sr. Perks para saber como está o filho do sinaleiro.

E assim foi. No caminho cruzou-se com a senhora dos correios, que lhe deu um beijo e um abraço, mas, para grande surpresa de Bobbie, disse apenas:

– Deus te bendiga, querida... – e depois de uma pausa.
– Vai lá, vai.

O empregado da retrosaria, que por vezes tinha sido pouco cortês e muito desdenhoso, agora levou os dedos ao boné e emitiu estas notáveis palavras:

– Bons dias, menina, muito bons dias.

O ferreiro, que avançava com um jornal aberto na mão, teve modos ainda mais esquisitos. Abriu-se num grande sorriso, embora, normalmente, não fosse dado a sorrisos, e acenou com o jornal muito antes de ter chegado ao pé dela. E ao passar por ela, disse, em resposta ao seu «Bom dia»:

– Bom dia para ti, querida, e que tenhas muitos destes! Desejo-te felicidades, do fundo do coração!

– Oh! – disse Bobbie para si mesma, e o seu coração bateu mais aceleradamente. – *Vai* mesmo acontecer alguma coisa, de certeza! Está toda a gente tão esquisita, como se fosse um sonho...

O chefe de estação estendeu-lhe a mão calorosamente. Na verdade, sacudiu-lha para cima e para baixo como se fosse o manípulo de uma bomba. Mas não deu qualquer razão para este cumprimento anormalmente entusiástico. Só disse:

– O 11:54h está um bocadinho atrasado, menina, é o excesso de bagagem deste tempo de férias – e desandou rapidamente para a intimidade daquele seu espaço aonde nem mesmo Bobbie se atrevia a segui-lo.

Não se avistava Perks em lado nenhum e Bobbie partilhou a solidão da plataforma com a gata da estação. Esta gata

malhada, normalmente de disposição recatada, veio esfregar-
-se nas meias castanhas de Bobbie com o lombo arqueado, a
cauda a abanar e ronrons.
– Meu Deus! – disse Bobbie, curvando-se para a afagar.
– Que simpática que está hoje toda a gente! Até tu, tareca!
Perks só apareceu depois de ter sido anunciado o 11:54h e,
como todos os outros nessa manhã, trazia um jornal na mão.
– Olá! – disse ele. – Aqui estás! Se *este* é o comboio, boa
sorte! Bom, Deus vos abençoe. Li o jornal e acho que nunca
fiquei tão contente na minha vida! – fitou Bobbie por um
momento. – Tens de me dar um num dia como este! – e com
estas palavras deu-lhe dois beijos, primeiro numa bochecha e
depois na outra. – Não foi demais, pois não?
– Não, não – disse Bobbie. – É claro que não, querido
Sr. Perks. Gostamos tanto de si como se fosse um tio nosso,
mas... num dia como *quê*?
– Como este aqui! – disse Perks. – Não te digo o que li no
jornal.
– Viu o *quê* no jornal? – perguntou Bobbie, mas já o 11:54h
entrava na estação e o chefe de estação olhava para todos os
lugares onde Perks não estava e devia ter estado.
Bobbie ficou sozinha, com a gata da estação a observá-la de
debaixo do banco com uns amistosos olhos dourados.
É claro que o leitor sabe perfeitamente o que estava prestes
a acontecer. Bobbie não estava tão elucidada. Tinha uma sensação vaga, confusa, expectante, que só aparece em sonhos.
Não posso dizer o que o seu coração esperava (talvez a mesma

coisa que o leitor e eu sabemos que ia acontecer, embora não chegasse a essa conclusão). A sua mente estava em branco e não sentia senão cansaço, confusão e uma sensação de vazio, como quando fazemos uma longa caminhada e não comemos há horas.

Só saíram três pessoas do comboio das 11:54h. A primeira foi um homem do campo com duas gaiolas cheias de galinhas, que espetavam as suas cabeças avermelhadas ansiosamente através da grade de vime; a segunda foi Miss Peckitt, prima da mulher do merceeiro, com uma caixa de latão e três embrulhos de papel pardo; e a terceira...

– Oh! O meu paizinho, o meu paizinho!

Aquele grito penetrou como uma faca no coração de toda a gente que assistiu, e os passageiros puseram as cabeças fora das janelas para ver o homem alto e pálido, com os lábios cerrados numa linha fechada e fina, e uma menina pequena agarrada a ele, enquanto os seus braços a rodeavam num longo aperto.

* * *

– Sabia que estava para acontecer uma coisa maravilhosa – disse Bobbie, enquanto subiam a estrada. – Mas não pensava que fosse isto. OH, meu paizinho, meu paizinho!

– Então, a mãe não recebeu a minha carta? – perguntou o pai.

– Não vieram cartas esta manhã. Oh, paizinho! És *mesmo* tu, não és?

FIM

O aperto de uma mão que ela não tinha esquecido assegurava-a de que era.

– Tens de entrar sozinha, Bobbie, e dizer à mãe muito calmamente que está tudo bem. Apanharam o homem que fez aquilo. Toda a gente sabe que não foi o teu pai.

– *Eu* sempre soube que não tinhas sido tu – disse Bobbie.

– Eu, a mãe e o nosso senhor de idade.

– Sim, foi tudo obra dele. A mãe escreveu-me e disse-me que tinhas descoberto tudo. E contou-me o que foste para ela. A minha pequenina! – pararam então por um minuto.

Agora, vejo-os a atravessar o campo. Bobbie entra em casa, tentando evitar que os seus olhos falem antes que os seus lábios encontrem as palavras apropriadas para «dizer à mãe muito calmamente» que o sofrimento, a prisão, a luta e a separação acabaram de uma vez por todas e que o pai está de volta a casa.

Vejo o pai a andar pelo jardim, à espera, à espera... Está a olhar para as flores, e cada flor é um milagre para os olhos que todos estes meses de primavera e verão só viram lajes, cascalho e um pouco de relva. Mas os seus olhos estão sempre a voltar-se para a casa. Finalmente, deixa o jardim e põe-se do lado de fora da porta mais próxima. É a porta das traseiras, onde as andorinhas voam em círculos. Estão a preparar-se para voar para longe dos ventos frios e do gelo penetrante, para a terra onde é sempre verão. São as mesmas andorinhas para as quais as crianças construíram os ninhos de barro.

Abre-se agora a porta de casa. A voz de Bobbie chama:

– Entra, paizinho. Entra!

Ele entra e a porta fecha-se. Penso que não abriremos a porta, nem o seguiremos. Penso que neste preciso momento não nos querem lá. Penso que é melhor para nós irmos embora rápida e silenciosamente. Ao fundo do campo, entre os finos espigões dourados, as campânulas e a erva de S. João, podemos lançar, por cima do ombro, um último olhar à casa branca onde não fazemos falta, nem nós, nem mais ninguém.